Wolfgang Jean Costanza

Il francese in 10 giorni

Corso facile con un nuovo metodo

AF215030

Contenuto

Primo giorno

La trascrizione fonetica (TF)

C'è un buon modo per imparare la pronuncia: se 'Google' traduce un testo italiano in un testo francese, si può ascoltare il testo francese.

Due regole per la trascrizione fonetica:
Un suono sonoro è sottolineato.
Una vocale aperta è indicata per lettera maiuscola.

TF		spiegazione	esempio		
a	a	come in padre	patte **pat**		zampa
c	k	come la c in cane	cabine **kabin**	cabina
	s	davanti a e, i ,y	cela **soela**		ciò
		come la s	ici **isi**		qui
		sorda in solo	cycle **sikl**		ciclo
ç	s	s sorda	ça **sa**		ciò
ch	sh	come sc in scena	chat **sha**		gatto
e	e	e chiusa come in però	été **ete**		estate
	E	e aperta come in bene	mer **mEr**		mare
è	E	e aperta	mère **mEr**	madre
ê	E	e aperta	arrêt **arE**	fermata
g	g	come garage	gare **gar**	stazione
	sh	davanti a e, i, y come garage	garage **garash** **garage**

5

h		non si pronuncia		
j	sh	come garage	jour shur	giorno
ll	l	come in luogo	aller ale	andare
	j	come la i iniziale in ieri	fille fij	figlia
o	o	o chiusa come in ora	hôtel otel	albergo
	O	o aperta	office Ofis	ufficio
q(u)	k	la u non si pronuncia	quatre katr	quattro
s	s	s sorda	salle sal	sala
	s̲	tra vocali s sonora	rose ros̲	rosa
u	y	come Victor Hugo	lune lyn	luna
v	v	come in vino	verre vEr	bicchiere
w	w	come whisky	oui wi	sì
y	i	davanti a consonante: i	style stil	stile
	j	come yen	yoga jOga	yoga
z	s̲	come svegliare	zéro s̲ero	zero
ai, ay	E	a volte come e aperta	chaise shEs	sedia
	e	a volte come e chiusa	aider ede	aiutare
au	o	o chiusa	aussi osi	anche
eu	oe	tra o ed e	deux doe	due
	OE	tra o ed e aperto	seul sOEl	solo
gu	gh	come in gallo, la u non si pronuncia	guérir gherir guide ghid	guarire guida
oi	oa	o chiusa + a	oiseau oas̲o	uccello
ou	u	come in uva	route rut	strada
ui	yi	y corto + i	nuit nyi	notte

6

Le nasali

Le nasali sono formate da una vocale seguita da 'm' o 'n'. La nasale si pronuncia come segue: la vocale viene articolata facendo passare l'aria solo attraverso il naso.
La 'm' o 'n' non si pronunciano.

La nasale a: TF *a*

La nasale *a* si pronuncia come il presidente Mitterand (miter*a*)

am	lampe	l*a*p	lampada
an	tante	t*a*t	zia
em	emporter	*a*porte	prendere
en	entre	*a*tr	tra, fra
ent	lent	l*a*	lento
ment	moment	mom*a*	momento

La nasale *a*, per es. am, an, em, en.

La nasale e: TF *e*

La nasale *e* si pronuncia come il presidente Giscard'Estaing (<u>sh</u>iskardEst*e*)

aim	faim	f*e*	fame
ain	pain	p*e*	pane
eim, ein	sein	s*e*	seno
ien	bien	bj*e*	bene
im	impair	*e*pEr	dispari
in	vin	v*e*	vino
um, un	parfum	parf*e*	profumo

La nasale *e*, per es. ien, im, in, um, un.

La nasale o: TF *o*

o si pronuncia come il presidente Pompidou
(p*o*pidu)

om	tomber	t*o*be	cadere
on	ton	t*o*	tono
tion	station	stasj*o*	stazione

La nasale *o*, per es. om, on.

Regole della pronuncia

Le consonanti in fine di parola spesso non vengono pronunciate, per es. sport (spOr).
Davanti a una vocale o una h muta la consonante finale si pronuncia, per es.
les autos (lesoto) / le macchine.
La e in fine di parola non si pronuncia, per es.
rose (ro<u>s</u>) / rosa.
Davanti a una vocale i e y > j, per es.
kiosque /(kjOsk) chiosco
bruyant / (bruj*a*) rumoroso.

Accentuazione

In francese tutte le sillabe di una parola sono
ugualmente accentuate.

F Accenti

1. L'accento acuto: solo sulla e   été /estate
2. L'accento grave
      sulla a   là / là
      sulla e   mère / madre
      sulla u   où / dove
3. L'accento circonflesso
      su tutte le vocali   île / isola, dôme / duomo

8

Alfabeto francese

A (**a**) b (**be**) c (**se**) d (**de**) e (**oe**) f (**Ef**) g (**she**) h
(**ash**) i (**i**) j (**shi**) k (**ka**) l (**El**) m (**Em**) n (**En**) o
(**o**) p (**pe**) q (**ky**) r (**Er**) s (**Es**) t (**te**) u (**y**) v (**ve**) w
(**dubloeve**) x (**iks**) y (**igrEk**) z (**sEd**)

Abbreviazioni

derivazione delle regole grammaticali	D
esempio	ES
parte facoltativa	**F**
participio passato	PP
plurale	Pl
singolare	Sg
trascrizione fonetica	TF
regola	R

In ogni capitolo, si prega di leggere prima la parte grammaticale e poi il racconto.

Si prega di leggere ad alta voce il seguente racconto. Importante: la lettura, la pronuncia e l'ascolto simultaneo del testo.

Vi prego di imparare le parole sottolineate nel vocabolario da abitare a birra.

9

Il controllo doganale/Le contrôle douanier

Luogo: L'aeroporto a Parigi.
un turista T, doganiere D

D Buon giorno. Bonjour (bo<u>sh</u>ur). Il suo passaporto per favore. Le passeport s'il vous plait
(loe paspOr silvuplE). Il passaporto è scaduto. Le passeport est périmé (E perime).

T Ecco la carta d'identità. Voici la carte d'identité (voasi la kart did*a*tite). Ho viaggiato molto tempo per l'Italia. J'ai voyagé beaucoup
de temps par l'Italie (<u>sh</u>e voaja<u>sh</u>e boku doe
t*a* par litali). C'è qualcosa di nuovo in Francia? Il y a quelque chose de nouveau en Fran-
ce (ilja kElkoe <u>sh</u>o<u>s</u> doe nuvo *a*n fr*a*s) ?

D Non so. Je ne sais pas (<u>sh</u>oe noe sE pa). *Ha*
qualcosa da dichiarare? *Vous avez* quelque
chose à déclarer (vu<u>s</u>ave kElke <u>sh</u>o<u>s</u> a deklare)?

T Non ho niente da dichiarare. Je n'ai rien à déclarer (shoe ne rj*e* a deklare).

D Apra questa valigia! Ouvrez cette valise (uvre
sEt vali<u>s</u>)! Ora *so* qualcosa di nuovo per Lei.
Maintenant *je sais* quelque chose de nouveau
pour vous (m*e*tn*a*t shoe sE kElkoe <u>sh</u>o<u>s</u> doe
nuvo purvu). Deve pagare *il dazio* per questo!
Vous devez payer *le droits de douane* pour ce-
ci (vu doeve peje le droa doe duan pur sesi)!

T Ma questo è un regalo per Lei. Mais c'est un
cadeau pour vous (mE sEt *e* kado pur vu).

D Grazie mille. Je vous remercie (<u>sh</u>oe vu roe-
mErsi).
**Le parole in corsivo hanno lo stesso
significato.**

10

Secondo giorno

Où est la gare? Dov'è la stazione?

Luogo: Parigi
un turista T, una passante P

T   Mi scusi, signora. Excusez-moi, madame
(Ekskysemoa madam). Potrebbe darmi delle
informazioni? Pourriez-vous me donner quelques informations (purievu moe done kEl-
koes *e*formasj*o*)? Dov'è la   stazione 'gare de
l'est'? Où est la 'gare de l'est' (u E la gar doe
lEst)?
P   Nel centro città. Au centre de la ville (o s*a*tr
doe la vil).
T   *Ci* posso andare a piedi? Je peux m'*y* rendre à
pieds (shoe poe mi r*a*dr a pje)?
P   Non è possibile perché è troppo lontano. Ce
n'est pas possible, parce que c'est trop loin
(soe nE pa pOsibl parskoe sE tro lo*e*). La
stazione dista dieci chilometri da qui. La gare
est à une distance de dix kilomètres d'ici (la
gar Eta yn dist*a*s doe di kilOmEtr disi).
T   Come si arriva alla stazione? Comment puis-
je me rendre à la gare (kOm*a* pyishoe moe
r*a*dr a la gar)?
P Preferisce l'autobus o la metro? Vous préférez
l'autobus ou le métro (vu prefere lotobys u
loe metro)? Tutti e due vanno alla stazione.
Tous les deux vont à la gare (tu le doe v*o*t a la
gar).
T   È uguale. Ça m'est égal (sa mEtegal). Dov'è
la fermata dell'autobus o la stazione della

metro? Où se trouve l'arrêt d'autobus ou la station de métro (u soe truv larE dotobys u la stasj*o* doe metro)?

P Ecco la fermata. Là - bas vous voyez l'arrêt d'autobus (laba vu voaje larE dotobys).

T Quale autobus va alla stazione? Quel autobus va à la gare (kEl otobys va a la gar)?

P Deve prendere l'autobus numero trenta. Vous devez prendre le bus numéro trente (vu doeve pr*a*dr loe bys nymero tr*a*t).

T Quante fermate ci sono fin alla stazione? Combien 'arrêts y a-t-il jusqu'à la gare (k*o*bj*e* darE jatil <u>sh</u>ysk a la gar)?

P Mi dispiace, non lo so. Je suis désolée, je ne le sais pas (<u>sh</u>oe syi desOle <u>sh</u>oe noe loe sE pa).

T Non importa, grazie. Ça ne fait rien (sa noe fE rj*e*), merci (mErsi).

L'articolo determinativo

ES Il ragazzo e la ragazza mangiano l'arancia. **Le** garçon e **la** fille (1) mangent **l'**orange (2).

Pl **Les** garçons et **les** filles mangent **les** oranges (3).

D 1 Ci sono due articoli determinativi: l'articolo maschile **le** e l'articolo femminile **la.**

   2 Davanti alle vocali o una h muta le e la > **l'**.

   3 Il plurale di le, la, l': **les.** Non si pronuncia la s di les. Davanti alle vocali o una h muta si pronuncia la s, per es. les oranges, le**s** hôtels.

12

F

ES Il 1990 la signora S. ha pubblicato il suo libro che si può leggere nelle due ore e che il 2% dei francesi hanno letto.

1990 (1) Madame S. (2) a publié son livre (3) qu'on peut lire en deux heures et que 2 % des français ont lu (4).

D L'articolo determinativo **non** si usa: (1) davanti a anni, (2) davanti Madame, Monsieur, Mademoiselle seguiti da nome proprio (3) con gli aggettivi possessivi (4) davanti ai nomi che indicano le ore e le percentuali.

Preposizioni articolate

ES La ragazza è l'amica del ragazzo.

La fille est l'amie **du** garçon (1).

PL Les filles sont les amies **des** garçons (2).

D 1 **de** + **le** > **du**.

    2 **de** + **les** > **des**.

ES La ragazza da l'arancia al ragazzo.

La fille donne l'orange **au** garçon (1).

PL Les filles donnent les oranges **aux** garçons (2).

D 1 **à** + **le** > **au**.

    2 **à** + **les** > **aux**.

Eccezione: **l'** non si fonde con la preposizione, per es.

Le nom **de** **l'**hôtel. Il nome dell'albergo.

F L'articolo partitivo

ES Desidera della birra / voulez-vous **de la**

bière? (1)
Non desidero di birra / je ne veux pas **de**
bière. (2)
Desidero un bicchiere di vino / je veux un
verre **de** vin. (3)

D 1   de + articolo determinativo > articolo
partitivo.
L'articolo partitivo si usa davanti a una
quantità indefinita.
La preposizione **de** (senza articolo) si usa:

2   quando la frase è negativa

3   dopo una quantità definita.

Coniugazione: avoir / avere e être / essere

presente	j'**ai** (1)	je **suis** (2)
présent	tu **as**	tu **es**
1 ho	il / elle **a**	il / elle **est**
2 sono	nous av**ons**	nous **sommes**
	vous av**ez**	vous **êtes**
	ils / elles **ont**	ils / elles **sont**
imperfetto	j'av**ais** (1)	j'**étais** (2)
imparfait	tu av**ais**	tu ét**ais**
1 avevo	il / elle av**ait**	il / elle ét**ait**
2 ero	nous av**ions**	nous ét**ions**
	vous av**iez**	vous ét**iez**
	ils / elles av**aient**	ils / elles ét**aient**

F   Il futuro ha le stesse desinenze come il presente del verbo 'avoir': futuro / futur

1 avrò	j'aur**ai** (1)	je ser**ai** (2)
2 sarò	tu aur**as**	tu ser**as**
	il / elle aur**a**	il / elle ser**a**
	nous aur**ons**	nous ser**ons**
	vous aur**ez**	vous ser**ez**
	ils / elles aur**ont**	ils / elles ser**ont**

F Il condizionale ha le stesse desinenze come
l'imperfetto del verbo 'avoir':
condizionale / conditionnel

1 avrei	j'aur**ais** (1)	je ser**ais** (2)
2 sarei	tu aur**ais**	tu ser**ais**
	il / elle aur**ait**	il / elle ser**ait**
	nous aur**ions**	nous ser**ions**
	vous aur**iez**	vous ser**iez**
	ils / elles aur**aient**	ils / elles ser**aient**

L'articolo indeterminativo

ES   Un ragazzo e una ragazza mangiano un'
arancia.
Un garçon et **une** fille mangent **une**
orange (1).

PL   **Des** garçons et **des** filles mangent **des**
oranges (2).

D 1 Ci sono due articoli indeterminativi:
un (m) une (f)
Il plurale di un, une: **des**

F Falsi amici

Falsi amici: alcune ***parole francesi*** che hanno
una somiglianza con *parole italiane*, ma un
significato diverso, per es.

autocar: corriera, non *autocarro* che si traduce
camion (m).

benzine: solvente per smacchiare, non *benzina*
per le automobili che si traduce essence (f).

I numeri cardinali

0 zéro sero

1 un *e*

2 deux doe

3 trois troa

4 quatre katr

5 cinq sek

6 six sis

7 sept sEt

8 huit yit

9 neuf nOEf

10 dix dis

11 onze *o*s

12 douze dus

13 treize trEs

14 quatorze katOrs

15 quinze kes

16 seize sEs

17 dix-sept disEt

18 dix-huit disyit

19 dix-neuf disnOEf

20 vingt v*e*

21 vingt-et-un v*e*te*e*

30 trente tr*a*t

40 quarante kar*a*t

50 cinquante sek*a*t

60 soixante soas*a*t

70 soixante-dix soas*a*t dis

71 soixante et onze (soas*a*t e os)

80 quatre-vingt (katroe v*e*)

81 quatre-vingt-un

90 quatre-vingt-dix

100 cent (s*a*)

101 cent un (s*a e*)

1000 mille (mil)

1000000 un million (*e* milj*o*)

16

I numeri ordinali e frazioni

Il numero ordinale si forma come segue: **numero cardinale + ième** (TF jEm).
Eccezione: premier, première.

il primo, la prima	premier, première
secondo	deuxième (doeṣjEm)
terzo	troisième 1/3: un tiers
quarto	quatrième 1/4: un quart
quinto	cinquième 1/5: un cinquième
sesto	sixième (siṣjEm)
settimo	septième (sEtjEm)
ottavo	huitième (yitjEm)
nono	neuvième (noevjEm)
decimo	dixième 1/10: un dixième

F

Per le frazioni si usano i numeri ordinali:
1/5 un cinquième, 1/6 un sixième, 1/7 un septième etc.
Eccezioni: ½ un demi, 1/3 un tiers, ¼ un quart.

Vi prego di imparare le parole sottolineate nel vocabolario da bistecca a cucina.

17

Terzo giorno

La grève / Lo sciopero

Luogo: la stazione a Marsiglia.
un turista T, impiegato I

T (davanti allo sportello / devant le guichet):
Quando parte il prossimo treno per Parigi? À quelle heure est le prochain train pour Paris (a kEl OEr E loe prOsh*e* tr*e* pur pari)?

I Non lo so. Je ne le sais pas (<u>sh</u>oe noe loe sE pa). Da ieri invece dell'orario abbiamo uno sciopero. Depuis hier, au lieu de l'horaire, nous avons une grève (doepyi   ijEr o ljoe doe lOrEr nu<u>s</u>av*o* yn grEv).

T Da dove parte il treno? D'où part le train (loe tr*e*) ?

I Dal binario sei. Du quai six (dy kE sis).

T Devo cambiare treno? Est-ce que je dois changer de trains (Eskoe <u>sh</u>oe doa sh*a*<u>sh</u>e doe tr*e*)?

I Si, deve cambiare treno a Lyon. Oui, vous devez changer de train à Lyon.

T Riuscirò a prendere la coincidenza per Parigi? Je prendrai ma correspondance pour Paris (<u>sh</u>oe pr*a*dre ma kOresp*o*d*a*s pur pari)?

I Certo che no. Certainement non (sErtEnm*a* n*o*).

T Quanto tempo dura il viaggio? Combien de temps dure le voyage (k*o*bj*e* doe t*a* dyr loe voaja<u>sh</u>)?

I Normalmente cinque ore ma oggi per lo sciopero otto ore. Normalement cinq heures, mais aujourd'hui par suite de la grève huit heures (nOrmalm*a* s*e*k Oer mEso*sh*urdyi par syit doe la grEv yit OEr).

T C'è una carrozza cuccette? Il y a un wagon couchettes (ilja *e* vag*o* kushEt)?

I Sì, ma per lo sciopero solo fino a Lyon. Oui, mais par suite de la grève seulement jusqu'à Lyon (wi mE par syit doe la grEv sOElm*a* shyska lj*o*).

T Vorrei prenotare un posto vicino al finestrino e una cuccetta. Je voudrais réserver un coin fenêtre et une couchette (*sh*oe vudrE re*s*Erve *e* ko*e* foenEtr e yn kushEt). Per favore un biglietto di seconda classe, andata e ritorno, il ritorno senza sciopero. S'il vous plait un billet en deuxième classe, aller - retour, le retour sans grève (silvuplE *e* bijE *a* doesjEm klas ale roetur loe roetur s*a* grEv).

Il sostantivo

ES   un français / un francese une française / una francese

D   Sostantivo maschile + **e** > sostantivo femminile.
      Eccezioni, per es.

vend**eur**	vend**euse**	commesso(a)
direc**teur**	direc**trice**	direttore (direttrice)
écol**ier**	écol**ière**	scolaro(a)

R   La e del sostantivo femminile non si pronuncia.

19

F Sostantivi: maschili o femminili?

ES Durante il viaggio Paolo legge nel giornale l'articolo: il lavoro del ufficio per il
turismo.
Pendant le voy**age** Paul lit dans le journ**al**
l'article:
Le trav**ail** du bureau de tour**isme**.

D Per lo più sono maschili: verbi che terminano in
-age, -al, -ail, -isme.

ES L'intervallo con una baguette e una pas-
seggiata è importante per la salute.
La récréa**tion** avec une bague**tte** et une
promen**ade** est importante pour la san**té**.

D Per lo più sono femminili: verbi che terminano in
-tion, -ette, -ade, -té.

ES Un nave che trasporta delle Renault va
sulla Senna per la Francia.
Un navire qui transporte des Renault va
sur la Sein**e** par la Franc**e**.

D Per lo più sono femminili:
Nomi delle macchine, nomi dei fiumi e
dei paesi che terminano in **-e**.

Il plurale

ES Il ragazzo e la ragazza mangiano l'arancia.
Le garçon et la fille mangent l'orange.

Pl Les garçon**s** et les fille**s** mangent les
orange**s**.

D Il plurale si forma aggiungendo **-s** al
singolare; questa s non si pronuncia..

La stessa forma al singolare e plurale

Le parole in -s, -x, -z conservano al plurale
-s,-x,-z, per es.
il braccio / le bras Pl les bras
la voce / la voix Pl les voix
il naso / le nez Pl les nez

Il plurale irregulare

ES La ragazza ama la torta e il gioco.
   La fille aime le gâte**au** et le j**eu**.
Pl Les filles aiment les gâteau**x** et les jeu**x**.
D Per lo più le parole in **-au** e **-eu** fanno il
   plurale aggiungendo **-x** al singolare.
R Le parole in **-al** fanno il plurale in **-aux**,
   per es.
   le journ**al** / les journ**aux.**

Giorni della settimana

Che giorno è? Quel jour sommes-nous
aujourd'hui?

lunedì	lundi l*e*di
martedì	mardi
mercoledì	mercredi mErkroedi
giovedì	jeudi <u>sh</u>oedi
venerdì	vendredi v*a*droedi
sabato	samedi samdi
domenica	dimanche dim*a*sh

Mesi

gennaio	janvier <u>sha</u>vje
febbraio	février fevrije
marzo	mars
aprile	avril
maggio	mai mE
giugno	juin <u>sh</u>yi*e*
luglio	juillet <u>sh</u>yijE
agosto	août ut
settembre	septembre sEpt*a*br
ottobre	octobre OktObr
novembre	novembre nOv*a*br
dicembre	décembre des*a*br

Stagioni

primavera	printemps pr*eta*
estate	été
autunno	automne otOn
inverno	hiver ivEr

R Giorni della settimana, mesi e stagioni
sono maschili.

F <u>Che ore sono?</u>

I minuti vengono contati fino a 30 minuti, quindi vengono detratti dall' ora successiva.

	Il est
1.00	une heure
1.15	une heure et quart
1.30	une heure et demie
1.35	deux heures moins vingt-cinq
1.45	deux heures moins le quart
2.00	deux heures

Vi prego di imparare le parole sottolineate nel vocabolario da <u>dare</u> a <u>francobollo</u>

22

Quarto giorno

Il guasto all'automobile / La panne

Luogo: Parigi
un turista T, una passante P, impiegato I,
meccanico M

T Mi scusi, dov'è l'officina più vicina? Excusez-
moi, où se trouve le garage le plus proche
(Ekskysemoa u soe truv loe garash loe ply
prOsh)?

P (sorridendo / en souriant) Cinque metri dietro
di Lei. Cinq mètres derrière vous (sek mEtr
dErjEr vu).

I Buon giorno, cosa c'è? Bonjour, qu'est-ce
qu'il y a (boshur kEskilja)?

T La mia macchina ha un guasto. Ma voiture est
en panne (ma voatyr Eta pan). Potrebbe controllare la mia macchina? Pourriez-vous véri-
fier ma voiture (purievu verifie ma voatyr)?
Si è fermata e non riparte. Elle s'est arrêtée et
ne démarre pas (El sEtarEte e noe demar
pa).

I Dove si è fermata? Où s'est elle arrêtée (u
sEtEl arEte)?

T Esattamente davanti all'officina. Exactement
devant le garage (Egsaktoema doeva loe
garash).

I Bene, è una buona macchina. Bravo, c'est une
bonne voiture (bravo sEtyn bOn voatyr). La
chiave della macchina per favore. S'il vous
plait la clef de la voiture (silvuplE la kle doe
la voatyr). Mentre il mio meccanico controlla

23

la macchina Lei può bere un caffè. Pendant que mon mécanicien contrôle la voiture, vous pouvez boire un café (p*a*d*a* koe m*o* mEkanis-j*e* k*o*trol la voatyr vu puve boar *e* kafe).
Il meccanico ritorna dopo 5 minuti. Le mécanicien retourne dans 5 minutes.

T Perché la macchina non parte? Pourquoi la voiture ne démarre pas (purkvoa la voatyr noe demar pa)?

M Indovini un po'. Devinez un peu (doevine *e* poe).

T Lo starter non funziona? Le démarreur ne fonctionne pas (loe demarOEr noe f*o*ksjOn pa)?

M No. Non (n*o*).

T La batteria è scarica? La batterie est à plat (la batri Eta pla)?

M No, ma il serbatoio della benzina è vuoto. Non, mais le réservoir d'essence est vide (n*o* mE loe resErvoar des*a*s E vid).

Aggettivi

ES Il ragazzino e la ragazzina mangiano l'arancia.
Le petit garçon et la petit**e** fille (1) mangent l'orange.

Pl Les petit**s** garçon**s** et les petite**s** fille**s** (2) mangent les oranges.

D 1 aggettivo maschile (petit) + **e** > aggettivo femminile (petit**e**).
Se la forma maschile termina già in e l'aggettivo resta invariato, per es.
le jeun**e** garçon, la jeun**e** fille.

2 forma singolare (1) + **s** > forma plurale (**2**)

24

R Li aggettivi concordano in genere e numero
con il sostantivo a cui si riferiscono.

F <u>Aggettivi con due forme per il maschile</u>
<u>singolare</u>

m	**m**	**f**
beau	bel	belle
bello		
nouveau	nouvel	nouvelle
nuovo		
vieux	vieil	vieille
vecchio		

La seconda forma del maschile si usa se l'aggettivo precede un sostantivo che inizia con vocale o
h muta, per es. le nouvel an / il nuovo anno.

F <u>Posizione dell'aggettivo</u>

ES Il capitano francese ha una grande nave
con un secondo motore elettrico.
Le capitaine français (1) a un grand bateau
(2) avec un deuxième moteur électrique (3).

D 1 L'aggettivo segue generalmente il sostantivo a cui si riferisce.
Precedono il sostantivo:

2 gli aggettivi monosillabici (per es. grand/
grande, bon / buono, beau / bello) e gli
aggettivi brevi (per es: joli /carino, jeune /
giovane, vieux / vecchio, petit / piccolo)

3 i numerali

25

F Il comparativo e il superlativo

A è bella / A est **belle**
B è più bella di A / B est **plus belle** que A
(comparativo)
C è la più bella / C est **la plus belle** (superlativo)
D è meno bella di A / D est **moins belle** que A
D è la meno bella / D est **la moins belle**

Presentarsi

Luogo: Parigi
una donna F, un uomo M

M Come sta? Comment allez-vous (kOm*a*tale
   vu)?
F Bene grazie, e Lei? Très bien, merci, et vous
   (trE bj*e* mErsi, e vu)?
M Il mio nome è Gallo. Je m'appelle Gallo (shoe
   mapEl). Come si chiama? Comment vous
   appelez-vous (kOm*a* vu̲s̲aple vu)?
F Il mio nome è Gallina. Je m'appelle Gallina.
M Lieto di conoscerla. Enchanté (*a*sh*a*te). Di
   dov'è? Vous êtes d'où (vu̲s̲Et du)?
F Vengo dall'Italia. Je viens de l'Italie (s̲h̲oe vj*e*
   doe litali).
M Anche i miei antenati sono venuti dall'Italia.
   Mes ancêtres sont venus de l'Italie aussi
   (mes*a*sEtr s*o* voeny doe litali osi).
F Purtroppo adesso devo andare. Je suis
   désolée, je dois maintenant partir (s̲h̲oe syi
   desOle s̲h̲oe doa m*e*tn*a* partir). È stato un
   piacere conoscerla, signor Gallo. Ravie
   d'avoir fait votre connaissance, monsieur
   Gallo (ravi davoar fE vOtr kOnEs*a*s

moesjoe).

M Arrivederci signora Gallina e buon ritorno in Italia. Au revoir, madame Gallina, et bon retour en Italie (o roevoar madam e b*o* roetur *a*nitali).

Verbi irregolari

aller / andare
pres. je vais, tu vas, il/elle va, nous allons, vous allez, ils/elles vont
 PP je suis allé / sono andato

faire / fare
pres. je fais, tu fais, il/elle fait, nous faisons, vous faites, ils/elles font
PP   j'ai fait

pouvoir / potere
pres.   je peux, tu peux, il/elle peut, nous pouvons, vouz pouvez, ils/elles peuvent
PP   j'ai pu

voir / vedere
pres.   je vois, tu vois, il/elle voit, nous voyons, vous voyez, ils/elles voient
PP   j'ai vu

Vi prego di imparare le parole da <u>frontiera</u> a <u>Italia</u>.

Quinto giorno

Primo incontro / Première rencontre

Luogo: Piazza del mercato a Capri. Davanti a un albergo. Accanto all'entrata: due valige. una turista F, un turista M

M Le piace qui? Ça vous plait ici (sa vu plE isi)?

F Sì, mi piace molto. Oui, ça me plait très bien (wi sa moe plE trE bj*e*).

M Dove abita? Où habitez-vous (u abitevu)?

F Abito a Roma. J'habite à Rome (s̲habit a rOm).

M Que sorpresa, anch'io. Quelle surprise, moi aussi (kEl syrpri̲s moa osi). Mi chiamo Tino Baci. Je m'appelle Tino Baci (s̲hoe mapEl).

F (sorridendo / en souriant) Piacere. Enchantée (*a*sh*a*te).

M Come si chiama? Comment vous appelez-vous (kOm*a* vu̲saplevu)?

F Mi chiamo Gina Borelli. Je m'appelle Gina Borelli (s̲hoe mapEl).

M Ha trovato un buon albergo? Avez-vous trouvé un bon hôtel (avevu truve *e* b*o*notEl)?

F Sì, quell' albergo là. Oui, cet hôtel là (wi sEtotEl la).

M Che sorpresa, anch'io sono in questo albergo. Quelle surprise, je suis aussi dans cet hôtel (kEl syrpri̲s s̲hoe syi osi d*a* sEtotEl). È la prima volta che è qui? C'est la première fois que vous êtes ici? (sE la proemjEr foa koe vu̲sEt isi)?

F Sì, sono qui per la prima volta. Oui, c'est la

première fois (wi sE la proemjEr foa).

M È qui con la famiglia? Vous êtes ici avec la famille (vu<u>s</u>Et isi avEk la famij)?

F No, sono sola. Non, je suis seule (n*o* <u>sh</u>oe syi sOEl).

M Anch'io. Moi aussi (moa osi). Sono arrivato ieri. Je suis arrivé hier (<u>sh</u>oe syi arive ijEr). Quando è arrivata? Vous êtes arrivée quand (vu<u>s</u>Et arive k*a*)?

F Una settimana fa. Il y a une semaine (ilja yn soemEn).

M *Quanto* si ferma? Vous êtes ici pour *combien de temps* (vu<u>s</u>Et isi pur k*o*bj*e* doe t*a*)?

F Sto partendo. Je suis en train de partir (<u>sh</u>oe syi<u>s</u>*a* tr*e* doe partir). Ecco là le mie valige. Voilà mes valises (voala me vali<u>s</u>). Aspetto il taxista per andare al porto. J'attends le chauffeur de taxi pour aller au port (<u>sh</u>at*a* loe shofOEr doe taksi pur ale o pOr).

M Che peccato! Quel dommage (kEl doma<u>sh</u>)! Ci possiamo incontrare a Roma? Est-ce qu'on peut se revoir à Rome (Esk*o* poe soe roevoar a rOm)? Le piacerebbe andare al cinema? Nous allons au cinéma (nu<u>s</u>al*o* o sinema)?

F Non mi interesso di cinema. Je ne m'intéresse pas au cinéma (<u>sh</u>oe noe m*e*terEs paso sinema).

M Le piacerebbe andare in una discoteca? Nous allons à une discothèque (nu<u>s</u>al*o* a yn diskOtEk)?

F Non voglio andare in discoteca. Je n'ai pas envie d'aller à une discothèque (<u>sh</u>oe ne pas*a*vi dale a yn diskOtEk).

M Di che cosa si occupa nel suo tempo libero? De quoi vous occupez-vous dans votre temps libre (doe kvoa vusokypevu d*a* vOtr t*a* libr)?

F Il mio hobby è l'opera. Mon hobby est l'opéra
   (m*o*nobi E lOpera).

M È anche il mio hobby. C'est aussi mon hobby
   (sEt osi m*o*nobi). Ha tempo il sei settembre?
   Vous avez du temps le six septembre (vusave
   dy t*a* loe sis sEpt*a*br)?

F Un attimo, per favore. Un moment, s'il vous
   plait (*e* mom*a* silvuplE). Devo vedere
   nell'agenda. Je dois regarder mon agenda
   (<u>sh</u>oe doa regarde m*o*n<u>a</u><u>sh</u>*e*da).   Sì, il sei
   settembre sono libera. Oui, le six septembre je
   suis libre (wi loe sis sEpt*a*br <u>sh</u>oe syi libr).

M (prende il suo telefonino e compone un numero di telefono / prend son téléphone por-
   table et compose un numéro de télé phone)
   Cosa c'è in programma il sei settembre?
   Qu'est-ce qu'il y a le six septembre à l'opéra (kEskilja loe sis sEpt*a*br a lOpera)? Oh,
   una première. Oh, une première (yn proemjEr). Chi è il solista? Qui est le soliste (ki E
   loe sOlist)? Oh, Placido Domingo. Ci sono
   ancora due posti? Il y a encore deux places
   (ilja *a*kOr doe plas)? Vorrei prenotare due
   posti in galleria. Je voudrais réserver deux
   places au balcon (<u>sh</u>oe vudrE re<u>s</u>Erve doe
   plas o balk*o*).

F Cosa danno all'opera? Qu'est-ce qu'il y a à
   l'opéra (kEskilja a lOpera) ?

M 'Otello' di Verdi. 'Otello' de Verdi.

30

L'avverbio

ES   Il ragazzo lento mangia lentamente.
       Le garçon lent mange lentement.

D   La forma *femminile* del aggettivo (*lente*)
      + ment > l'avverbio (*lente*ment).
      Aggettivi che terminano in un vocale:
      Forma maschile del aggettivo + ment >
      avverbio, per es. vrai + ment > vraiment
      (veramente)

R   L'avverbio è invariabile.

F Comparativo e superlativo del avverbio

A si trucca spesso / A se maquille **souvent**.
B se maquille **plus souvent** que A (comparativo).
C se maquille **le plus souvent** (superlativo).
D se maquille **moins souvent** que A.
D se maquille **le moins souvent**.
R Superlativo : **le** + comparativo.

F Comparativo di uguaglianza

Carlo ha tanto rischio sanitario quanto Paolo
perché fuma tanto quanto Paolo, perché mangia
altrettanto spesso di Paolo e perché è tanto grosso
quanto Paolo.
Charles a **autant de** risque sanitaire **que** Paul (1),
parce qu'il fume **autant que** Paul (2), parce qu'il
mange **aussi** souvent **que** Paul (3) et parce qu'il
est **aussi** gros **que** Paul (4).

D 1 sostantivo: **autant de** … **que**
     2 verbo: **autant que**
3+4 avverbio o aggettivo: **aussi … que**

Avverbi irregolari

ES Dopo una buona cena mi sento bene.
Après un **bon** dîner je me sens **bien**.
bon (aggettivo) bien (avverbio)
Dopo una cattiva cena mi sento male.
Après un **mauvais** dîner je me sens **mal**.
mauvais (aggettivo) mal (avverbio)

F Comparativi e superlativi irregolari

bon	meilleur	le,la meilleur
buono	migliore	ottimo(a)
bien	mieux	le mieux
bene	meglio	ottimamente
mauvais	pire	le, la pire
cattivo	peggiore	pessimo(a)
mal	pis	le pis
male	peggio	pessimamente

F Contrari aggettivi ed avverbi

anziano / giovane **âgé / jeune**; a buon mercato / caro **bon marché / cher**; largo / stretto **large / étroit**; fuori / dentro **dehors / dedans**; primo / ultimo **premier / dernier**; libero / occupato **libre / occupé**; presto / tardi **tôt / tard;** grande / piccolo **grand / petit**; duro / molle **dur / mou;** chiaro / scuro **clair / sombre**; caldo / freddo **chaud / froid;** qui / là **ici / là;** alto / basso **haut / bas;** su / giù **en haut / en bas**; dietro / davanti **derrière / devant**; facile / difficile **facile / difficile**; leggero / pesante **léger / lourd**; lungo / corto **long / court;** a destra / a sinistra **à droite / à gauche**; rumoroso / silenzioso bruyant / silencieux; dopo / prima di après / avant; vicino / lontano proche / lointain; di sopra / di sotto dessus / dessous; aperto / chiuso ouvert / fermé; giusto / sbagliato juste / faux; rapido / lento rapide / lent; bello / brutto beau / laid; forte / debole fort / faible; dolce / acido doux / acide; nero / bianco noir / blanc; secco / bagnato sec / mouillé; sopra / sotto sur / sous; pieno / vuoto plein / vide.

F Verbi irregolari

venir / venire
pres. je viens, tu viens, il/elle vient, nous venons, vouz venez, ils/elles viennent
PP je suis venu
vivre / vivere
pres. je vis, tu vis, il/elle vit, nous vivons, vouz vivez, ils/elles vivent
PP j'ai vécu
prendre / prendere
pres. je prends,tu prends, il/elle prend, nous prenons, vouz prenez, ils/elles prennent
PP j'ai pris

F Falsi amici

appointements: stipendio, non *appuntamento* che si traduce rendez-vous (m).
questionner: interrogare, non *questionare* che si traduce discuter.
costume: vestito da uomo, non *costume da bagno* che si traduce maillot (m) de bain.
robe: vestito da donna, non *roba* che si traduce chose (f).
veste: giacca, non *veste* che si traduce vêtement (m).

F Quando si è malato …   **Quand on est malade** …

Ci sono una farmacia o un medico qui vicino? Il y a une pharmacie / un médecin au voisinage (ilja yn farmasi *e* mEds*e* o voasina<u>sh</u>)?

Sono …   **Je suis** …

allergico a   allergique à (alEr<u>sh</u>ik)

vaccinato contro   vacciné contre (vaksine k*o*tr)

svenuto je me suis évanoui (<u>sh</u>oe moe syi evanui)

caduto   tombé (t*o*be)

incinta di … mesi   enceinte de … mois (*a*s*e*t doe … moa)

diabetico(a)   diabétique (diabetik)

Ho …   **J'ai** …

il mal di testa   mal à la tête   (mal a la tEt)

il mal di gola   mal à la gorge (gOr<u>sh</u>)

il mal di schiena   mal au dos (do)

il mal di stomaco maux d'estomac(mo dEstOma)

un raffredore   un refroidissement (roefroadism*a*)

la febbre   de la fièvre (fjEvr)

un'indigestione   une indigestion (*e*di<u>sh</u>Estj*o*)

la diarrea   la diarrhée (diare)

vomitato   eu des vomissements (y de vOmism*a*)

la pressione alta/bassa   une tension élevée/basse (t*a*sj*o*)

il torcicollo   un torticolis (tOrtikOli)

dei dolori qui   des douleurs ici (de dulOEr isi)

i disturbi circolatori troubles circulatoires (trubl sirkylatoar)

Prendo queste medicine regolarmente / Je prends ces médicaments regulièrement (<u>sh</u>oe pr*a* se medikam*a* regyljErm*a*).

Vi prego di imparare le parole da <u>lago</u> a <u>nave</u>.

Sesto giorno

L'abito da sposa / La robe de mariée

Un negozio di abbigliamento a Roma
Gina G, venditrice V

V Posso aiutarla? Je peux vous aider (<u>sh</u>oe poe vu<u>s</u>ede)?

G Sto cercando un abito da sposa. Je cherche une robe de mariée (<u>sh</u>oe shErsh yn rOb doe marie).

V Che taglia porta? Quelle taille (kEl taj)?

G Ho la taglia 40. Je porte du 40 (shoe pOrt dy kar*a*t).

V Potrebbe descrivermi l'abito che desidera? Vous pouvez décrire la robe que vous désirez (vu puve dekrir la rOb koe vu desire)?

G Desidero un abito elegante e tradizionale. Je désire une robe élégante et traditionnelle (<u>sh</u>oe desir yn rOb eleg*a*t e tradisjOnEl).

V Di che colore? De quelle couleur (doe kEl kulOEr)?

G Vorrei qualcosa di bianco, pero più sul beige che bianco. Je voudrais quelque chose en blanc, mais plus beige que blanc (<u>sh</u>oe vudrE kElkoe <u>sh</u>os *a* bl*a* mE ply bE<u>sh</u> koe bl*a*).

V Questo è elegante e tradizionale. Celle-ci est élégante et traditionnelle (sElsi Eteleg*a*t e tradisjOnEl).

G Posso provarlo? Je peux l'essayer (<u>sh</u>oe poe leseje)?

V Volentieri. Volontiers (vOl*o*tje). Ecco le cabine di prova. Voici les cabines d'essayage (voasi le cabin desEja<u>sh</u>).

G (sta davanti allo specchio e guarda felice la sua immagine riflessa / est debout devant le miroir et regarde heureuse son reflet): Mi sta bene! Ça va très bien (sa va trE bj*e*)! Che bel abito. Comme c'est beau (kOm sE bo). Questo abito è un sogno. Cette robe est un rêve (sEt rOb Et*e* rEv). Quanto costa questo sogno? Combien coûte ce rêve (k*o*bj*e* kut soe rEv)?

V Duemila Euro. Deux mille Euro (doe mil oero).

G Che peccato. Quel dommage (kEl dOma<u>sh</u>). Non posso spendere più di mille Euro. Je ne peux pas dépenser plus de mille Euro (<u>sh</u>oe noe poe pa dep*a*se ply doe mil oero).

V Un minuto per favore; telefono al caporeparto. Une minute, s'il vous plait (yn minyt silvuplE); je téléphone au chef de rayon (<u>sh</u>oe telefOne o shEf doe rEj*o*).
Dopo la telefonata. Après le coup de téléphone.
Può realizare il sogno con mille cinque cento Euro. Vous pouvez réaliser le rêve avec mille cinq cent Euro (vu puve reali<u>s</u>e loe rEv avEk mil s*e*k s*a* oero).

G Va bene, lo prendo. D'accord, je la prends (dakOr <u>sh</u>oe la pr*a*).

I verbi regolari (presente)

Si distinguono **3 gruppi** in base alla desinenza dell'infinito:

36

Verbi del **primo gruppo**: l'infinito in **-er**
per es. parl**er** / parlare

je parl **e** parlo	nous parl *ons*
tu parl **es**	vous parl *ez*
il/elle parl **e**	ils/elles parl *ent* (1)

1 La desinenza -ent non si pronuncia.

Verbi del **secondo gruppo**: l'infinito in **-ir**
per es. fin**ir** / finire

je fini **s** finisco	nous fin **iss** *ons* (1)
tu fini **s**	vous fin **iss** *ez*
il/elle fini **t**	ils/elle fin **iss** *ent*

1 Tra la radice e la desinenza si aggiunge **iss.**

Verbi del **terzo gruppo**: l'infinito in **-re**
per es. vend**re** (v**a**dr) / vendere

je vend **s** vendo	nous vend *ons*
tu vend **s**	vous vend *ez*
il /elle ven **d**	ils/elles vend *ent*

R   Tutti i gruppi hanno le stesse desinenze
plurali: *-ons, -ez,- ent.*

F Imperfetto

L'imperfetto si costruisce come segue:

Prima persona Pl del presente (senza desinenza) + le stesse desinenze come l'imperfetto del verbo 'avoir'.

nous **parl** ons	+	j'av **ais**	>	je parl **ais**
nous **vend** ons	+	j'av **ais**	>	je vend **ais**
nous **finiss** ons	+	j'av **ais**	>	je finiss **ais**
		tu av **ais**	>	tu finiss **ais**
		il av **ait**	>	il finiss **ait**
		nous av **ions**	>	nous finiss **ions**
		vous av **iez**	>	vous finiss **iez**
		ils av **aient**	>	ils finiss **aient**

F Condizionale

Il condizionale si costruisce come segue:

L'infinito + le stesse desinenze come l'imperfetto del verbo 'avoir'.

parler	+	j'av **ais**	>	je parler **ais**
vendre	+	j'av **ais**	>	je vendr **ais**
(1)				
finir	+	j'av **ais**	>	je finir **ais**
		tu av **ais**	>	tu finir **ais**
		il av **ait**	>	il finir **ait**
		nous av **ions**	>	nous finir **ions**
		vous av **iez**	>	vous finir **iez**
		ils av **aient**	>	ils finir **aient**

1 La e decade.

Dopo 'si' non si usa il condizionale ma l'imperfetto, per es.
Se fossi un milionario, sarei ricco.
Si j'étais (imperfetto) un millionnaire, je serais riche.

F Futuro
Il futuro si costruisce come segue:
L'infinito + le stesse desinenze come il presente del verbo 'avoir'.

parler	+	j'**ai**	>	je parler **ai**
vendre	+	j'**ai**	>	je vendr ai
finir	+	j'**ai**	>	je finir **ai**
		tu **as**	>	tu finir **as**
		il **a**	>	il finir **a**
		nous av **ons**	>	nous finir **ons**
		vous av **ez**	>	vous finir **ez**
		ils **ont**	>	ils finir **ont**

F Il futuro composito / le futur composé
Il verbo aller / andare al presente + l'infinito del verbo, per es. Je vais partir pour Paris / sto per partire per Parigi.

R Per gli eventi che stanno per accadere, si usa il tempo futuro composito.

F Il passato prossimo
Il passato prossimo si forma come segue:

Il presente di avoir (avere) o être (essere) + il participio passato del verbo.

ES Ho aspettato un bel giorno. Sono partito alle otto. Ho camminato in campagna.

J'ai attend**u** un beau jour. Je suis part**i** à huit heures. J'ai march**é** à la campagne.

verbo	desinenza	participio passato
aspettare /attendre	-re	**-u**
partire/partir	-ir	**-i**
camminare/marcher	-er	**-é**

I verbi riflessivi e alcuni verbi di moto formano il passato prossimo con être.

La desinenza del participio passato è determinata

del sostantivo: Le garçon (la fille) est retourné(e).
Passato prossimo con **avoir**: Il participio passato
è invariabile: Le garçon (la fille) a téléfoné.

F Imperativo

R **L'imperativo si deriva del presente.**

presente   imperativo

tu parl**es**   (**es > e**) parle / parla!
nous parlons   parlons / parliamo!
vous parlez   parlez / parlate!

I verbi riflessivi formano il imperativo come
segue:
Imperativo negativo: pronome davanti al verbo:
ne **te** dépeche pas / non affrettarsi.
Imperativo affermativo: pronome dopo il verbo:
dépeche-**toi**

F Verbi irregolari

boire / bere
pres. je bois, tu bois, il boit, nous buvons, vouz
buvez, ils/elles boivent   PP j'ai bu
devoir / dovere
pres. je dois, tu dois, il doit, nous devons, vouz
devez, ils/elles doivent   PP j'ai dû
plaire / piacere
pres. je plais, tu plais, il plait, nous plaisons,
vouz plaisez, ils/elles plaisent   PP j'ai plu
savoir / sapere
pres. je sais, tu sais, il sait, nous savons, vouz
savez, ils/elles savent   PP j'ai su
mettre / mettere
pres. je mets, tu mets, il met, nous mettons, vouz
mettez, ils/elles mettent   PP j'ai mis
**Vi prego di imparare le parole da <u>nazionalità</u> a
<u>persona</u>.**

Settimo giorno

Le voyage de noces / Il viaggio di nozze

Luogo: L'aeroporto di Roma - Ciampino.
Gina G, Tino T, impiegato I

T   À quelle heure le vol charter part pour Paris
     (a kEl Oer loe vOl shartEr par pur pari)?
     Quando parte il volo charter per Parigi?

I   Vous avez encore un peu de temps (vu<u>s</u>ave
     *a*kOr *e* poe doe t*a*). Avete ancora un po' di
     tempo. Le départ est à neuf heures (loe depar
     Eta noef OEr). La partenza è alle nove.

G   À quelle heure arrive l'avion à Paris (a kEl
     OEr ariv lavj*o* a pari)? A che ora arriva l'ae-
     reo a Parigi?

I   Si l'avion part à l'heure, l'arrivée est à onze
     heures (si lavj*o* par a lOEr larive Eta *o*s OEr).
     Se l'aereo parte in orario, l'arrivo è alle undi-
     ci. C'est la première fois que vous allez à Pa-
     ris (sE la proemjEr foa koe vu<u>s</u>ale a pari)? È
     la prima volta che andate a Parigi?

G   Oui, c'est notre voyage de noces (wi sE nOtr
     voaja<u>sh</u> doe nOs). Sì, è il nostro viaggio di
     nozze.

I   Félicitations pour le mariage (felisitasj*o* pur
     loe marja<u>sh</u>). Felicitazioni agli sposi. Vous
     avez trouvé un bon hôtel (vu<u>s</u>ave truve *e* b*o*n
     otEl)? Avete trovato un buon albergo?

T   Oui, près de la cathédrale *Notre Dame* au
     Quartier Latin (wi prE doe la katedral notr
     dam o kartje lat*e*). Sì, vicino alla cattedrale
     Notre-Dame nel *Quartier latin*.

41

I J'ai vécu dans ce quartier de 1988 à 1996 (<u>she</u> veky d*a* soe kartje). Sono vissuto in questo quartiere dal 1988 al 1996. Chaque fois que je pense à Paris j'éprouve une grande nostalgie de cette ville merveilleuse (shak foa koe <u>sh</u>oe p*a*s a pari <u>sh</u>epruv yn gr*a*d nOstal<u>sh</u>i doe sEt vil mErvEjoe<u>s</u>). Ogni volta che penso a Parigi sento una grande nostalgia di quella città meravigliosa.

G Qu'est-ce qui vous a impressionné le plus à Paris (kEski vu<u>s</u>a *e*prEsjOne loe ply a pari)? Che cosa le è piaciuto più di tutto a Parigi?

I C'est une demande difficile (sEtyn doem*a*d difisil). È una domanda difficile. Peut-être la vue sur la *Seine* sous les ponts de Paris ou bien la vue de mon appartement sur le ciel bleu au dessus des toits de Paris (poetEtr la vy syr la sEn su le p*o* doe pari u bj*e* la vu doe m*o*n apartm*a* syr loe sjEl bloe o doesy de toa doe pari). Forse la vista su la *Senna* sotto I ponti di Parigi oppure la vista dal mio apparttamento sul cielo azzuro sopra I tetti di Parigi. Peut-être ce soir-là sur la place de la concorde, quand le soleil rouge se couchait derrière la tour Eiffel (poetEtr soe soar la syr la plas de la k*o*kOrd k*a* loe sOlEj ru<u>sh</u> soe kushE dErjEr la tur EfEl). Forse quella sera sulla piazza Concorde mentre il sole rosso tramontava dietro alla torre Eiffel. Peut-être cette nuit-là, quand j'ai regardé l'océan de lumières de la ville du restaurant le plus haut de la tour Eiffel (poetEtr sEt nyi la k*a* <u>she</u> roegarde lOse*a* doe lymjEr doe la vil dy rEstOr*a* loe ply o doe latur EfEl). Forse quella notte quando ho guardato il mare di luce della

42

città dal ristorante più alto della torre Eiffel. Peut-être la beauté séduisante des danseuses du *Lido* et du *Moulin Rouge* (poetEtr la bote sedyisat de dasoe̱s dy lido e dy mul*e* ru̱sh). Forse la belleza seducente delle ballerine del *Lido* e del *Moulin Rouge*. Peut-être ce matin-là, quand j'ai vu devant l'église *Sacré-Cœur* après une nuit blanche le lever du soleil rosé (poetEtr soe mat*e* la k*a* she vy doev*a* legli̱s sakre kOEr aprE̱syn nyi bl*a*sh loe loeve dy sOlEj rose). Forse la mattina, in cui ho visto davanti alla chiesa *Sacré - Coeur* dopo una notte in bianco il sorgere del sole roseo. Qu'est-ce qui m'a impressionné le plus (kEski ma *e*prEsjOne loe ply)? Che cosa mi ha impressionato più di tutto? Je ne le sais pas (shoe noe loe sE pa). Non lo so. Mais je sais que vous serez très heureux tous les deux pendant ce voyage de noces, parce que Paris est la ville parfaite pour s'aimer et pour cela le lieu idéal pour un voyage de noces (mE s̱hoe sE koe vu sere trEs oeroe tu le doe p*a*d*a* soe voaja̱sh doe nOs parskoe pari E la vil parfEt pur seme e pur sla loe ljoe ideal pur *e* voaja̱sh doe nOs). Ma so che sarete molto felici tutte e due durante questo viaggio di nozze perché Parigi è la città perfetta per amarsi e perciò il luogo ideale per un viaggio di nozze. Combien de temps restez vous à Paris? (k*o*bj*e* doe t*a* rEste vu a pari)? Per quanto tempo vi fermate a Parigi?

T   Deux semaines (doe soemEn). Due settimane.

G   Peut-être aussi quelques jours de plus (poetEtr osi kElkoe s̱hur doe ply). Forse anche qualche giorno in più.

I   Saluez Paris de ma part (salye pari de ma par). Saluti Parigi da parte mia. Bon vol et bonne

lune de miel (b*o* vOl e bOn lyn doe mjEl). Buon
volo e buona luna di miele!

Il pronome
Il pronome sostituisce un verbo per evitare una
ripetizione del nome, per es.
Tu rencontres Paul? Oui, je **le** rencontre. Incontri Paolo? Sì, **lo** incontro.

I pronomi riflessivi

ES je me dépêche / mi affretto

pronome soggetto	pronome riflessivo	verbo
je	me	dépêche
tu	te	dépêches
il / elle	**se**	dépêche
nous	nous	dépêchons
vous	vous	dépêchez
ils / elles	**se**	dépêchent

In francese il pronome soggetto deve sempre
essere espresso.
Al posto di 'nous' si usa spesso la forma ‚on' / si
dell'impersonale: On y va? Andiamo?
Si usa 'vous' come forma di cortesia: Vous cher-
chez ce livre? Lei cerca questo libro?

I pronomi personali atoni

ES Je te donne un cadeau / ti do un regalo

Pronome soggetto	oggetto indiretto	verbo
je	te	donne
tu	me	donnes
il	**lui**	donne
elle	**lui**	donne

44

nous	vous	donnons
vous	nous	donnez
ils / elles	**leur**	donnent

ES Je te rencontre / ti incontro

pronome soggetto	oggetto diretto	verbo
je	te	rencontre
tu	me	rencontres
il	**la**	rencontre
elle	**le**	rencontre
nous	vous	rencontrons
vous	nous	rencontrez
ils/elles	**les**	rencontrent

Pronomi oggetto indiretto: come i pronomi riflessivi. Eccezione: 3a persona Sg invece di se: **lui** (gli, le) 3a persona Pl invece di se: **leur** (loro): Me,te, **lui**, nous, vous, **leur.**

Pronomi oggetto diretto: come i pronomi riflessivi. Eccezione: 3a persona Sg invece di se: **la, le (la, lo)** 3a persona Pl invece di se: **les** (le, li): Me, te, **la, le,** nous, vous, **les.**

I pronomi tonici

ES   Je parle avec toi / parlo con te

soggetto	verbo	preposizione	tonici
je	parle	avec	**toi**
tu	parles	avec	**moi**
il	parle	avec	elle
elle	parle	avec	**lui**
nous	parlons	avec	vous
vous	parlez	avec	nous
ils	parlent	avec	elles
elles	parlent	avec	**eux**

Uso del pronome tonico
Il pronome: soggetto di una frase senza verbo.
'Ho letto 'Imparare il tedesco'. 'Anch'io.'
'J'ai lu 'Imparare il tedesco'. '**Moi** aussi.'
Dopo una preposizione:
'Ecco 'L'inglese in 10 giorni'. Questo è per te.'
'Voici 'Linglese in 10 giorni'. C'est **pour toi.'**
Per mettere in rilievo:
Preferisce 'Il francese in 10 giorni'; preferiscono 'L'inglese in 10 giorni'. **Lui**, il préfère 'Il francese in 10 giorni'; **eux**, ils préfèrent 'L'inglese in 10 giorni'.
Dopo c'est:
'Chi ha scritto questi 3 libri?' 'Sono io.'
'Qui a écrit ces 3 livres? 'C'est **moi.'**
Quando si vuole mettere in evidenza un'opposizione: lui, il est vieux, **eux**, ils sont jeunes. Lui è vecchio, loro sono giovani.

F I pronomi **y** et **en**

Il pronome 'y' traduce l'italiano ci / vi.
Il pronome 'en' traduce l'italiano ne.
'Y' e 'en' sostituiscono frasi con à e de.
ES
Pensa spesso a Parigi? Sì, **ci** pensa spesso.
Il pense souvent à Paris? Oui, il **y** pense souvent.
Va a Parigi? Sì, **ci** va.
Il va à Paris? Oui, il **y** va.
Viene da Parigi? Sì, viene da li.
Il vient **de** Paris? Oui, il **en** vient.
Ha avuto tempo da fare delle belle fotografie. Sì, **ne** ha fatto.
Il a eu le temps à faire des belles photos. Oui, il **en** a fait.

F <u>Posizione dei pronomi</u>

I pronomi si trovano davanti al verbo in questo ordine

1	2	3	4	5	6
me					
te	le				
se	la	lui	y	en	verbo
nous	les	leur			
vous					

ES   tu mi lo dai / tu me le donnes
       gliela do / Je la lui donne
       li ci incontro / je les y rencontre
       gliene parlo / je lui en parle

L'elisione

Quando la seguente parola comincia con una vocale o una h muta, la vocale del pronome si elide e viene sostituita dall'apostrofo:
Ti amo. Je t'aime.
L'elisione si fa con le parole:
me, te, se, le, la et ce, de, je, ne, que, si.

La negazione

La negazione è espressa da 'non'.
Hai visto R? No. Tu as vu R? Non.
La negazione può consistere di due parti.
Ne è posto prima il verbo o il *pronome*, pas è posto dopo il verbo, per es.
Je **ne** rencontre **pas** R / non incontro R.
Je **ne** *le* rencontre **pas** / non lo incontro.

47

Nella lingua parlata si tende a sopprimere **ne**, per es. Je rencontre **pas** R.

L'ausiliare è posto tra le due parti della negazione, per es.

Je n'ai **pas** vu R. Non ho visto R.

non ... più: **ne ... plus.** Je **ne** rencontre **plus** R.

non ... mai: **ne ... jamais.** Je **ne** rencontre **jamais** R.

non ... nessuno: **ne ... personne.**
Je **ne** vois **personne.**

niente: **ne ... rien.** Je **ne** vois **rien.**

Non .. né .. né. **Ne .. ni... ni.** Je **ne** rencontre **ni** R. **ni** S.

solo/soltanto: **ne ... que.**
Je **ne** parle **que** français.

F Il participio presente

Derivazione: 1. pers. Pl del indicativo presente (senza desinenza) + **ant :**

nous **dans** ons + **ant** > **dansant** / ballando.

Ecco il ragazzo e la ragazza ballando insieme.

Voici le garçon et la fille **dansant** ensemble.

R Il participio presente è invariabile.

F Il gerundio : en + il participio presente

Ballano ascoltando la musica.

Ils dansent **en écoutant** de la musique.

R Se due operazioni si verificano contemporaneamente, viene utilizzato il gerundio. È invariabile..

Vi prego di imparare le parole da <u>pesce</u> a <u>ristorante</u>.

Ottimo giorno

Arrivo all'albergo / Arrivée à l'hôtel

Un albergo a Cannes.
Tino T, Gina G, la loro figlia Nora N, il signor Richard R

T Buona sera, il mio nome è Tino Baci. Bonsoir, je m'appelle Tino Baci (b*o* soar s̲hoe mapEl). È lei il signor Richard a cui ho telefonato? Vous êtes monsieur Richard à qui j'ai téléphoné (vus̲Et moesjoe rishar a ki s̲he telefone) ?

R Sì, lieto di conoscervi. Oui, enchanté (wi *a*sh*a*te). Quanto vi fermate? Combien de temps restez-vous (k*o*bj*e* doe t*a* rEstevu)?

T Una settimana. Une semaine (yn soemEn). Abbiamo bisogno di una camera doppia e di una camera singola per nostra figlia. Nous avons besoin d'une chambre double et d'une chambre individuelle pour notre fille (nus̲av*o* boeso*e* dyn sh*a*br dubl e dyn sh*a*br *e*dividyEl pur nOtr fij).

R Avete fortuna. Vous avez de la chance (vus̲ave de la sh*a*s). Benché siamo in alta stagione *ci sono* ancora alcune camere libere. Bien que nous avons la pleine saison *il y a* encore quelques chambres libres (bj*e* koe nus̲av*o* la plEn sEs*o* ilja *a*kOr kElkoe sh*a*br libr). Ci sono due camere con bagno, balcone e vista sul mare. Il y a deux chambres avec salle de bain, balcon et vue sur la mer (ilja doe sh*a*br avEk sal doe b*e* balk*o* e vu syr la mEr).

G Quanto costano con la colazione, la mezza

pensione e la pensione completa? Combien coûte une nuit avec petit déjeuner, la demi-pension et la pension complète (k*o*bj*e* kut yn nyi avEk poeti de*sh*oene la doemip*a*sj*o* e la p*a*sj*o* k*o*plEt)?

R Ecco la lista dei prezzi. Voici la liste des prix (voasi la list de pri).

G È troppo caro. C'est trop cher (sE tro shEr). Ha qualcosa di più conveniente? Vous avez quelque chose plus bon marché (vu*s*ave kEl-koe *sh*os ply b*o* marshe)?

R Abbiamo due camere con doccia e vista sulle montagne. Nous avons deux chambres avec douche et vue sur les montagnes (nu*s*avo doe sh*a*br avEk dush e vy syr le m*o*tagn).

G Possiamo vedere le camere? Est-ce que nous pourrions voir les chambres (Eskoe nu purj*o* voar le sh*a*br)?

R Volentieri. Volontiers (vOl*o*tje).
   Dopo la visita. Après la visite.

G Va bene, prendiamo le camere. D'accord, nous prenons les chambres (dakOr nu proen*o* le sh*a*br).

R Per favore compili questo modulo di iscrizio-ne. Je vous prie de remplir cette fiche (*sh*oe vu pri doe r*a*plir sEt fish). Firmi qui, per cor-tesia.Veuillez signer ici (voeje signe isi).

T Qualcuno potrebbe portare i bagagli alle ca-mere? Quelqu'un peut monter les bagages dans les chambres (kElk*e* poe m*o*te le baga*sh* d*a* le sh*a*br)?

R Chiamo un cameriere. J'appelle un garçon (shapEl *e* gars*o*). Ecco tutte e due le chiavi. Voici les deux clefs (voasi le doe kle).

G A che ora è la colazione? À quelle heure

servez-vous le petit déjeuner (a kEl OEr sEr-
vevu loe poeti de<u>sh</u>oene)?

R Dalle otto alle dieci. De huit à dix heures (doe
yit a dis OEr).

T Potrebbe svegliarci domattina alle otto? Est-
ce que vous pourriez nous réveiller à huit
heures demain matin (Eskoe vu purje nu re-
veje a yit OEr doem*e* mat*e*)?

R Volentieri. Volontiers (vOl*o*tje). Ecco l'ascen-
sore. Voici l'ascenseur (voasi las*a*sOEr).
Buona notte! Bonne nuit (bon nyi)! A domani.
À demain (a doem*e*).
*Dopo una settimana bellissima. Après une
semaine très belle.*

T Mi prepari il conto, per favore. Pourriez-vous
preparer ma note (purjevu prepare ma nOt)?

R Il conto è pronto. La note est prête (la nOt E
prEt).

T Arrivederci, è stato un soggiorno molto piacevole. Au revoir, c'était un séjour très agréable (o roevoar setE *e* se<u>sh</u>ur trE<u>s</u>agreabl).

G È stata una settimana meravigliosa. C'était
une semaine merveilleuse (setE yn soemEn
mErvEjoe<u>s</u>).

N Ciao, è stato mega fantastico. Salut, c'était
mega fantastique (saly setE mega *fa*tastik).

R Piacere di avervi conosciuti. Ravi d'avoir fait
votre connaissance (ravi davoar fE vOtr cO-
nEs*a*s). Spero di rivedervi l'anno prossimo.
J'espère vous revoir l'année prochaine (shEs-
pEr vu revoar lane prOshEn). Buon ritorno!
Bon retour (b*o* roetur).

Gli aggettivi possessivi

mio padre, mia madre, i miei genitori.
mon père, **ma** mère, **mes** parents.

1 proprietario	m Sg f	Pl
1a pers. Sg	**mon** (m) **ma** (f)	**mes**
2a pers. Sg	ton ta	tes
3a pers. Sg	son sa	ses

nostro figlio, nostra figlia, nostri figli.
notre fils, **notre** fille, **nos** enfants.

molti proprietari	Sg m/f	Pl m/f
1a pers. PL	**notre** (m / f)	**nos**
2a pers. Pl	votre	vos
3a pers. Pl	leur	leurs

R Gli aggettivi possessivi rifiutano l'articolo determinativo, per es. **ma** maison / la mia casa.

R Davanti a parole che iniziano per vocale o h muta si usano sempre le forme maschili mon, ton, son, per es.
mon amie / la mia amica.

F I pronomi relativi

ES Hermann Hesse che è un premio Nobel che tutto il mondo conosce legge due poesie che conosco e che sono le mie poesie preferite.

Hermann Hesse qui (1) est un lauréat du prix Nobel que (2) tout le monde connaît, lit deux poésies que (3) je connais et qui (4) sont mes poésies préférés.

D Se il pronome relativo è soggetto, viene utilizzato **qui**. Se il pronome relativo è un oggetto accusativo, viene utilizzato **que**.

qui può essere maschile (1), femminile (4) o neutro, singolare (1) o plurale (4).

que può essere maschile (2), femminile (3) o neutro, singolare (2) o plurale (3).

Aggettivi e *pronomi* dimostrativi

ES Incontri questo ragazzo? No, *quello*.

Tu rencontres **ce** garçon-ci? Non, *celui*-là.

Tu rencontres **cette** fille-ci? Non, *celle*-là.

Pl Tu rencontres **ces** garçons-ci? Non, *ceux*-là.

Tu rencontres **ces** filles-ci? Non, *celles*-là.

D **L'aggettivo dimostrativo** è posto davanti a un sostantivo (**ce** garçon-ci).

Il *pronome dimostrativo* sostituisce un sostantivo (*celui*-là).

ci indica vicinanza; **là** indica distanza.

R Davanti a vocale o h muta ce > cet, per es.

cet hôtel là. Quell'albergo là.

La frase interrogativa

La forma interrogativa della frase si costruisce in 3 modi:

1. Con l'intonazione della voce alla fine della frase, per es.

Vous aimez **Verdi** / Lei ama Verdi?

2. Con la locuzione est-ce que:

Est-ce que vous aimez Verdi?

3. Con l'inversione di verbo e soggetto:

Aimez-vous Verdi?

F Verbi irregolari

dire / dire

pres. je dis, tu dis, il dit, nous disons, vous dites, ils/elles disent   PP j'ai dit

vouloir / volere
pres. je veux, tu veux , il veut, nous voulons,
vouz voulez, ils/elles veulen   PP j'ai voulu
Condizionale: je voudrais

F Falsi amici

auberge: trattoria, non *albergo* che si traduce
hôtel (m).
escale: scalo, non *scala* che si traduce escalier
(m).
bouchon: turacciolo, non *boccone* che si traduce
bouchée (f).
cantine: mensa, non *cantina* che si traduce cave
(f).
férié: festivo, non *feriale* che si traduce ouvrable.
fermer: chiudere, non *fermare* che si traduce
arrêter.
nappe: tovaglia, non *nappa* che si traduce nappa
(m).
pari: scommessa, non *pari* che si traduce pair.
patente: tassa di esercizio, non *patente di guida*
che si traduce permis (m) de conduire.
pelle: pala, non *pelle* che si traduce peau (f).
poli: educato, non *pulito* che si traduce propre.
tenture: arazzo, non *tintura* che si traduce
teinture (f).

Vi prego di imparare le parole da <u>ritardo</u> **a**
<u>tazza</u>**.**

Nono giorno

Al ristorante / Au restaurant

Un ristorante a Marsiglia.
Gina G, Tino T, Nora N, cameriera C

T Buon giorno. Bonjour (b*o*shur). Mi dispiace,
   siamo in ritardo. Désolé d'être en retard
   (desole dEtr *a* roetar).
C Fa niente. Cela ne fait rien (sla noe fE rj*e*).
T Il mio nome è Tino Baci. Je m'appelle Tino
   Baci (shoe mapEl). Ho prenotato un tavolo
   per tre persone nel settore non fumatori. J'ai
   réservé une table pour trois personnes dans le
   coin non fumateurs (she reserve yn tabl pur
   troa pErsOn d*a* loe ko*e* n*o*fymatEUr).
C Ecco il tavolo. Voici la table (voasi la tabl).
   Prego si accomodi. Asseyez-vous, je vous en
   prie (asejevu shoe vu̲s̲ *a* pri). Ecco la lista
   delle bevande. Voici la liste des boissons (voasi la list de boas*o*). Desiderate un aperitivo? Est-ce que vous voulez un apéritif (Eskoe
   vu vule *e*naperitif)?
G Un kir royal per favore.. Un kir royal s'il vous
   plait (*e* kir roajal silvuplE).
N Un aperitivo analcolico. Un apéritif sans alcool (*e*naperitif s*a*s̲ alkOl).
T Un pastis. Un pastis (*e* pastis).
   Dopo l'aperitivo. Après l'apéritif.
C Che cosa desiderate da bere? Qu'est-ce que
   vous aimeriez boire (kEskoe vu̲s̲emerie boar)?
G Un bicchiere di vino bianco. Un verre de vin

blanc (*e* vEr doe v*e* bl*a*).

N   Un succo di frutta. Un jus de fruits (*e* <u>shy</u> doe fryi).

T   Una birra alla spina. Une bière à la pression (yn bjEr a la prEsj*o*).

C   Cosa desiderate come antipasto? Qu'est-ce que vous voulez comme entrée (kEskoe vu vule kOm *a*tre)?

T   Frutti di mare. Fruits de mer (fryi doe mEr).

N   Un pasticcio. Un pâté (*e* pate).

G   Un soufflè. Un soufflé (*e* sufle).

C   Che cosa desiderate mangiare? Qu'est-ce que vous voulez manger (kEskoe vu vule m*a*<u>she</u>)?

N   Prendo un piatto vegetariano. Je vais prendre un plat végétarien (<u>sho</u>e vE pr*a*dr *e* pla ve<u>she</u>-tarj*e*). Che cosa mi consiglia? Quel plat vous me conseillez (kEl pla vu moe k*o*sEje)?

C   Sogliola con riso. Sole avec du riz (sOl avEk dy ri).

T   Prendo bistecca e insalata mista. Je vais pren-dre le steak et une salade composée (<u>sho</u>e vE pr*a*dr loe stEk e yn salad k*o*pose).

C   La bistecca al sangue, a puntino o ben cotta? Le steak saignant, à point où bien cuit (loe stEk sEgn*a* a po*e* u bj*e* kyi)?

T   A puntino. À point (a po*e*).

C   Che condimento per l'insalata? Quelle sauce pour la salade (kEl sos pur la salad)?

T   Condimento francese. Sauce française (sos fr*a*sEs).

G   Prendo il piatto del giorno. Je prends le plat du jour (<u>sho</u>e pr*a* loe pla dy <u>shur</u>).
    Dopo il piatto principale. Après le plat prin-cipal.

C   Desiderate un dessert? Est-ce que vous voulez

un dessert (Eskoe vu vule *e* doesEr)?

T Che gusti di gelato ci sono? Quels parfums de glace avez-vous (kEl parf*e* doe glas avevu)?

C Vaniglia, lampone, fragola, noce e albicocca. Vanille, framboise, fraise, noix et abricot (vanij fr*a*boas frEs noa e abriko).

T Un gelato misto e un caffè latte. Une glace mixte et un café au lait (yn glas mikst e *e* kafe o lE).

G Che torte ci sono? Quels gâteaux avez-vous (kEl gato avevu)?

C Dolce di frutta, torta di mele e torta di ricotta.Tarte aux fruits, tarte aux pommes et gâteau au fromage blanc (tart o fryi, tarte o pOm e gato o frOma<u>sh</u> bl*a*).

G Una torta di mele ma con panna montata e un caffè. Une tarte aux pommes, mais avec de la crème Chantilly et un café (yn tart o pOm mE<u>s</u>avEk doe la krEm sh*a*tiji e *e* kafe).

N Coppa della casa e un tè al limone. Coupe maison et un thé au citron (kup mEs*o* e *e* te o sitr*o*).

Dopo un pranzo molto buono. Après un très bon déjeuner.

C Vi è piaciuto? C'était bon (setE b*o*)?

G Era tutto eccellente. C'était excellent (setEtEksEl*a*). Faccia I nostri complimenti allo chef. Faites nos compliments au cuisinier (fEt no k*o*plim*a* o kyisinje).

T Il conto per favore. L'addition, s'il vous plait (ladisj*o* silvuplE). Il resto mancia. Gardez la monnaie (garde la mOnE).

C Grazie. Merci beaucoup (mErsi boku).

F Lo spazio / l'espace

in casa	á la maison
attraverso …	à travers (a travEr)
all'interno …	à l'intérieur de (eterjOEr)
fuori …	hors de (Or)
davanti …	devant (doeva)
dietro …	derrière (dErjEr)
accanto …	à côté de (a kote doe)
su …	sur (syr)
sotto …	sous (su)
sopra …	au dessus de (o doesy doe)
di fronte a …	en face de (a fas doe)
vicino a …	près de (prE doe)

F L'arrivo / l'arrivée

Sono arrivato ...	**Je suis arrivé …**
sette giorni fa	il y a 7 jours (ilja sEt shur)
la settimana scorsa	la semaine passée (la soemEn pase)
l'altro ieri	avant hier (avatijEr)
ieri	hier (ijEr)
oggi	aujourd'hui (oshurdyi)
sono appena arrivato	je viens d'arriver (shoe vje darive)
sto arrivando	je suis en train d'arriver (shoe syisa tre darive)

F La partenza / le départ

sto per partire	je vais partir (shoe vE partir)

parto …	je pars …
subito	tout de suite (tu doe syit)
presto	bientôt (bj*e*to)
fra due ore	dans deux heures (d*a* doe*s*OEr)
stamattina	ce matin (soe mat*e*)
oggi pomeriggio	cet après-midi (sEtaprEmidi)
sta sera	ce soir (soe soar)
domani	demain (doem*e*)
dopodomani	après-demain (aprE doem*e*)
prima di domenica	avant de dimanche (av*a* doe dim*a*sh)

F Locuzioni importanti

Piacere!	Enchanté(e)! (*a*sh*a*te)!
Come sta?	Comment allez-vous (kOm*a*talevu)?
A rivederci.	Au revoir (o roevoar).
Saluti … da parte mia.	Saluez de ma part (saly*e* doe ma par).
A presto.	A bientôt (a bj*e*to).
C'è qualcuno che parla italiano?	Il y a quelqu'un qui parle italien (ilja kelk*e* ki parl italj*e*)?
Parla italiano?	Parlez-vous italien (parlevu italj*e*)?
Può aiutarmi?	Pourriez-vous m'aider (purjevu mede)?
Può farmi un piacere?	Pourriez-vous rendre un service à moi (r*a*dre *e* sErvis a moa)?
Naturalmente!	Naturellement (natyrElm*a*)!
Grazie.	Merci (mErsi).
È stato molto gentile da sua parte.	C'était très aimable de votre part (setE trEsEmabl doe votr par).

Di niente.   De rien (doe rj*e*).
C'è un negozio qui   Est-ce qu'il y a un
vicino?   magasin par ici
                             (Eskilja *e* magas*e* par isi)?
Quanto costa?   Combien ça coûte (k*o*bj*e* sa kut)?
È troppo caro.   C'est trop cher (sE tro shEr).
Ha qualcosa di più   Vous avez quelque chose
conveniente?   plus bon marché
                    (vu<u>s</u>ave kElkoe <u>sho</u>s ply b*o* marshe)?
Mi dispiace che non   Je regrette que je ne peux
posso venire.   pas venir
        (<u>sh</u>oe roegrEt koe <u>sh</u>oe noe poe pa voenir).
Scusi!   Pardon (pard*o*)!
Non fa niente.   Cela ne fait rien (sla noe fE rj*e*).

Farsi capire

Non capisco. Je ne comprends pas (<u>sh</u>oe noe
k*o*pr*a* pa). Può ripetere e parlare più lentamente?
Vous pouvez le répéter et parler plus lentement
(vu puve loe repete e parle ply l*a*tm*a*)? Me lo
può scrivere? Est-ce que vous pouvez me l'écrire
(Eskoe vu puve moe lekrir)? Potrebbe tradurre
questo per me? Est-ce que vous pourriez traduire
cela pour moi (Eskoe vu purje tradyir soela pur
moa)? Come si dice in francese? Comment ça
s'appelle en français (kOm*a* sa sapEl *a* fr*a*sE)?
Come si pronuncia questa parola? Comment on
prononce cette parole (*o* prOn*o*s sEt parOl)?

F <u>Nei grandi magazzini</u>

Posso aiutarla? Je peux vous aider (<u>sh</u>*oe poe
vu<u>s</u>ede)?* Grazie, vorrei solo dare un occhiata.

60

Non, merci, je ne fais que regarder (no mErsi shoe noe fE koe roegarde). Mi piace questo, lo prendo. Ça me plait, je le prends (sa moe plE shoe loe pra). Posso pagare con la carta di credito? Est-ce que je peux payer par carte (Eskoe shoe poe peje par kart)? Potrebbe darmi una ricevuta? Est-ce que je peux avoir le ticket de caisse (Eskoe shoe poe avoar loe tikE doe kEs)? Potrebbe darmi un sacchetto? Pourriez-vous me donner un sac (purjevu moe dOne e sak)?

F Dopo un incidente

C'è stato un incidente. Il y a eu un accident (ilja y enaksida). Due persone sono ferite. Deux personnes sont blessées (doe pErsOn so blEse). Chiami un'ambulanza e la polizia, presto! Appelez tout de suite une ambulance et la police (aple tu doe syit yn abylas e la pOlis)! Per favore mi dia il suo nome, il suo indirizzo e il numero della sua assicurazione. Donnez moi votre nom, votre adresse et le numéro de votre assurance (done moa vOtr no vOtr adrEs e loe nymero doe vOtr asyras).

Vi prego di imparare le parole da tè a zucchero.

61

Decimo giorno

Preposizioni di tempo

ES 4 mesi fa mi è venuto l'idea da scrivere un libro che scrivo da due mesi che devo terminare in 2 mesi e che l'editore pubblica fra 4 mesi.

Il y a 4 mois (1) qu'il me vint l'idée d'écrire un livre que j'écris **depuis** 2 mois (2) que je dois achever **en** 2 mois (3) et que l'éditeur publie **dans** 4 mois (4).

D 1 **il y a**: momento nel passato.
2 **depuis**: un'azione incompleta che ha iniziato nel passato.
3 **en**: tempo necessario per completare un'azione.
4 **dans**: momento nel futuro.

à

ES Ma zia abita in Danimarca. La sua casa in campagna è di mio zio.
Ma tante habite **au** Danemark (1). Sa maison **à** la campagne (2) est **à** mon oncle (3).
D **à** si usa:
davanti a nomi propri geografici maschili che iniziano per consonante (1).
à indica: stato in luogo (2) possesso (3).

chez

ES Vado da mia cugina che abita presso mia zia.

Je vais **chez** ma cousine (1) qui habite **chez** ma tante (2).

D **chez** indica moto a luogo (1),
traduce 'presso' (2).

de

ES Mia zia viene della Francia. Dal 1950 al 1980 ha abitato a Parigi.
Ma tante vient **de** la France (1). **De** 1950 à 1980 elle a habité à Paris (2).

D **de** indica: origine o provenienza (1), il tempo anche in correlazione con à (2).

en

ES Mia sorella abita in Francia. In estate va in mac china in Italia dove compra una camicia di seta. Ma soeur habite **en** France (1). **En** été (2) elle va **en** voiture (3) **en** Italie (1)) où elle achète une chemise **en** soie (4).

D **en** si usa:
davanti nomi propri geografici femminili (1), davanti mesi e stagioni (2). Eccezione: au printemps (in primavera).
davanti un mezzo di comunicazione (3), per indicare la materia (3).

par e pour

ES Una volta per settimana parto per Nizza per amore per incontrare un'amica; la settimana passata ho viaggiato per treno per Lyon e ho letto un libro che è scritto da Victor Hugo.

Une fois **par** semaine (1) je pars **pour** Nice (2) **par** amour (3) **pour** rencontrer une amie (4); la semaine passée j'ai voyagé **par** train (5) **par** Lyon (6) et j'ai lu un livre écrit **par** Victor Hugo (7).

D   **par** indica:
frequenza (1), causa (3), mezzo (5), moto per luogo (6), agente (7).
pour indica:
moto a luogo (2), scopo (4).

F Frequenza

mai	jamais
a volte	parfois
spesso	souvent
per lo più	pour la plupart
sempre	toujours

F Falsi amici

boudin: sanguinaccio, non *budino* che si traduce flan (m).

déjeuner: pranzare, non *digiunare* che si traduce jeuner.

rivière: fiume, non *riviera* che si traduce Riviera (f).

scier: segare, non *sciare* che si traduce skier.

tasse: tazza, non *tassa* che si traduce taxe (f).

F Casinò o casino?

Monsieur Maier est un joueur passionné. Il signor Maier è un giocatore appassionato. Pour cela il appelle un taxi devant la gare de Naples et dit au chauffeur:

"Al casino, per favore."

Per questo chiama un taxi davanti alla stazione di Napoli e dice al taxista:

"Al casino, per favore."

Après 5 minutes le chauffeur dit avec un clin d'oeil:

"Voici l'entrée du casino."

Dopo 5 minuti il taxista dice con una strizzata d'occhi:

"Ecco l'entrata del casino."

À la réception une belle dame est assise qui salue monsieur Maier avec un gentil sourire. Alla ricezione siede una bella signora che saluta il signor Maier con un sorriso gentile.

"Excusez-moi", dit monsieur Maier, "le douanier a dit que mon passeport est périmé."

"Mi scusi", dice il signor Maier, "il doganiere a detto che il mio passaporto è scaduto."

"Ici vous n'avez pas besoin du passeport. Nos clients attachent une grande importance à l'anonymat", dit la dame avec un clin d'oeil..

"Qui non ha bisogno del passaporto; I nostri clienti tengono all'anonimato", dice la signora con una strizzata d'occhi.

"Très gentil de votre part. En Allemagne on doit montrer le passeport chaque fois qu'on va à un casino."

"Molto gentile da parte sua. In Germania si deve mostrare ogni volta il passaporto se si va in un casino."

"Pour le moment toutes les pièces sont occupées. Mais vous pouvez boire un apéro dans le bar au frais du casino."

"In questo momento tutte le stanze sono occupate; ma può bere un aperitivo al bar a spese del casino."

Monsieur Maier regarde avec une grande stupeur le profond décolleté de la serveuse à la poitrine généreuse qui dit avec un sourire séduisant:

"Qu'est-ce que vous aimeriez boire?"

Il signor Maier guarda con grande stupore la profonda scollatura della barista dal seno pieno che dice con un sorriso seducente:

"Che cosa desiderate da bere?"

Puisqu'il fait très chaud, il répond:

"Un campari avec des glaçons."

Siccome fa molto caldo nel casino risponde:

"Un campari con ghiaccio."

Pendant que la serveuse prépare l'apéritif elle demande:

"Vous êtes d'où?"

Mentre la barista prepara l'aperitivo domanda:

"Lei di dov'è ?"

"Je viens d'un petit village près de Baden-Baden en Allemagne."

"Sono di un piccolo villaggio vicino a Baden-Baden in Germania.."

" Qu'est-ce que vous faites dans la vie? Che lavoro fa?"

"Je suis un professeur d'allemand. Sono un insegnante di tedesco."

Le clin d'œil de la serveuse rappelle à monsieur Maier le clin d'œil du chauffeur et de la dame à la réception. La strizzata d'occhi della barista ricorda al signor Maier la strizzata d'occhi del taxista e della signora alla ricezione.

"C'est la première fois que vous êtes au casino?"

"È la sua prima volta in un casino?"

"Non, à Baden-Baden je vais au casino deux fois par semaine, le plus souvent toute la nuit; si j'ai commencé une fois je ne peux plus m'arrêter."

"No, a Baden-Baden vado al casino due volte la settimana, per lo più tutta la notte; una volta che ho iniziato non posso più smettere."

"Ici vous pouvez rester aussi toute la nuit. Quand êtes-vous allé la première fois au casino?"

"Anche qui può restare tutta la notte. Quando è andato la prima volta in un casino?"

"Il y a 30 ans nous avons fait le voyage de noces à Monte-Carlo. Trent'anni fa abbiamo fatto il viaggio di nozze a Monte-Carlo. Pendant que ma femme faisait des achats je suis allé au casino. Mentre mia moglie faceva acquisti sono andato al casino. La somme minimum était très basse; à combien se monte la somme minimum ici? L'importo minimo era molto basso; quanto è qui l'importo minimo?"

"Deux cent Euro. Due cento Euro."

"Oh, comme c'est haut! Oh, come è alto! À Baden-Baden la somme minimum est seulement deux Euro. A Baden-Baden l'importo minimo è solo due Euro."

À l'improviste une porte s'ouvre. Improvvisamente si apre una porta. Un homme apparaît et derrière lui monsieur Maier voit une fille blonde vêtue seulement avec un slip rouge. Un uomo appare e dietro di lui il signor Maier vede una ragazza bionda vestita solo con uno slip rosso. Maintenant il comprend, où il se trouve et la signification du clin d'oeil répété trois fois. Ora capisce dove si trova e che significato ha la strizzata d'occhi ripetuta tre volte. Puis il commence à rouspéter. Allora inizia a brontolare:

"Quel stupide chauffeur de taxi! Che taxista stupido! J'ai dit 'al casino, per favore'! Ho detto 'al casino, per favore'!"

La serveuse rit et dit. La barista ride e dice:

"Ne le reprochez pas au chauffeur. Non rimproveri il taxista. Vous avez dit 'al casino, per favore'; cette parole signifie en italien une maison, où on s'amuse avec des belles filles. Lei ha detto 'al casino, per favore'; questa parola significa in italiano una casa dove ci si diverte con delle belle ragazze. Une maison où on joue à la roulette s'appelle en italien 'casinò'. Una casa dove si gioca alla roulette si chiama in italiano 'casinò'

"Un accent faux et ses conséquences", dit en riant monsieur Maier.

"Un accento sbagliato e le sue conseguenze", dice ridendo il signor Maier.

Vocabolario

abbastanza assez (ase)
abbigliamento
habillement m
abitante
habitant (t*a*) m
abitare habiter (abite)
accappatoio
peignoir (oar) m
accendino
briquet (kE) m
accettare accepter aksEpte
accompagnare
accompagner
aceto vinaigre (vinEgr) m
acqua eau (o) f
~ minerale
  eau minérale
~ potabile
eau potable
acquisto achat
(asha) m
adattatore adaptateur (Oer) m
adesso
maintenant (m*e*, n*a*)
aereo
avion (avj*o*) m
aeroporto aéroport (pOr) m
affittare louer (lue)
affitto location
(lOkasj*o*) f
affresco fresque (frEsk) f
aggiungere
ajouter a*s*hute

agosto août ut m
aiutare aider (ede)
aiuto aide (Ed) f
albergo hôtel (otEl)
albero arbre (arbr)
alcuni quelques
allergia allergie f
almeno au moins
altoparlante haut-
parleur m
altro autre (otr)
amare aimer (eme)
ambasciata
ambassade f
ambulanza
ambulance f
amico/a ami/e
analcolico sans
alcool
anche aussi
ancora encore
andare aller (ale)
andata e
ritorno
aller retour
animale animal m
annullare annuler
antipasto hors
d'oeuvre m
antichità antiquité f
aperitivo apéritif m
appartamento
appartement m

69

appuntamento rendez-vous m
aprire ouvrir (uvrir)
arancia orange (Orash) f
architettura architecture (arshitEktyr) f
aria condizionata climatisation (klimatisasjo) f
arrivare arriver (arive)
arrivo arrivée f
arrosto rôti m
arte art (ar) m
ascensore ascenseur m
asciugamano mouchoir (mushoar) m
aspettare attendre
assaggiare goûter
assicurazione assurance (sy)f
assorbente igienico serviette hygiénique (ishjenik)
attenzione attention (sjo) f
attraversare traverser (vErse)
autista chauffeur shofOEr m
autonoleggio location d'auto
autostrada autoroute otorut f
autunno automne (otOn) m
avere avoir (avoar)
B
bagaglio bagages bagash mPl
deposito bagagli consigne (kosign) f

bagnino maître nageur m
bagno bain (be) m
balcone balcon m
ballare danser (dase)
bambino enfant (afa)
banca banque (bak) f
banconota billet m
barca bateau (bato) m
batteria batterie f
benzina essence f
bere boire (boar)
bevanda boisson f
bicchiere verre m
bicicletta bicyclette f
biglietteria guichet
biglietto billet m
binario
quai (kE) m
biscotto biscuit m
birra bière (bjEr) f
bistecca steak (stEk) m
blu bleu(e) (bloe)
bocca bouche (bush) f
bombola del gas bouteille de gaz (butEj)
borsellino porte-monnaie m
borsetta sac à main (sak a me)
bottiglia bouteille f

70

apri ~ ouvre-bouteille m
bottone bouton (but*o*)m
braccio bras (bra) m
burro beurre (bOEr) m
bussare frapper (frape)
busta enveloppe (*a*vlOp) f
C
 calore chaleur (shalOEr) f
calzino socquette (sOkEt) f
cambiare changer (sh*a*she)
cambio change (sh*a*sh) m
camera doppia
chambre f double (sh*a*brdubl)
camera singola chambre
individuelle (~ *e*dividyEl)
cameriera serveuse (sErvoe*s*) f
camicetta chemisier (misje) m
camicia chemise (shoemi*s*) f
campanello sonnette (sOnEt) f
campanile clocher (klOshe) m
campeggiare faire du camping
campeggio camping (k*a*ping)
candela bougie (bu*sh*i) f
cane chien (shj*e*) m
canzone chanson (sh*a*s*o*) m
capello cheveu (shoevoe) m
capire comprendre (k*o*pr*e*dr)
capodanno jour m de l'an
cappello chapeau (shapo) m
cappotto manteau (m*a*to) m
carne viande
(vi*a*d) f
carrello chariot
(shario) m
carta di credito
carte de crédit
carta d'identità
carte d'identité
 (kart did*a*tite)

cartolina carte postale
casa maison (mEs*o*) f
cassa caisse (kEs) f
cassaforte coffre-fort
castello château m
cattedrale cathédrale
celibe célibataire
cena dîner (dine) m
centro centre (s*a*tr) m
~ storico vieille ville
cercare chercher
cerotto sparadrap m
certificato certificat
certo certain(e)
chef chef de cuisine
chiamare appeler
chiamarsi s'appeler
chiave clef (kle) f
chiedere demander
chilometro
kilomètre m
chiudere fermer
cielo ciel
(sjEl) m
cimitero
cimetière m
cintura ceinture s*e*tyr
cioccolata chocolat m
circa environ (*a*vir*o*)
città ville (vil) f
~ vecchia vieille ville
(viEj)
coincidenza
correspondance f
colazione petit
déjeuner
colore couleur
(kulOEr) f
coltello couteau m

71

cominciare
commencer kOm*a*
compleanno
anniversaire m
completo complet (k*o*ple) m
comprare acheter (ashte)
compreso compris(e) k*o*mpri
confermare confirmer (k*o*)
conoscere connaitre (k*o*nEtr)
contenere contenir (k*o*tnir)
contento content k*o*t*a*
conto
addition (adisj*o*) f
contorno garniture garnityr f
contratto contrat (k*o*ntra) m
controllare contrôler k*o*trole
coperta couverture
kuvErtyr f
coperto couvert (kuvEr) m
corrente courant (kur*a*) m
corso cours
(kur) m
~ di sci cours de ski (doe ski)
costare coûter (kute)
costo coût (ku) m
cotone coton (kOt*o*) m
cotto cuit(e) kyi(t)
crema solare
crème solaire
crociera croisière(kroasjEr) f
crudo cru(e) kry
cucchiaino petite cuiller kyijEr
cucchiaio cuiller (kyijEr) f
cucina cuisine (kyi<u>s</u>in) f
cucinare cuisiner (kyi<u>s</u>ine)
cuore coeur (kOEr) m

D
danno dommage m
dare donner (dOne)
data date (dat) f
decisione décision f
denaro argent (ar<u>sh</u>*a*)
dente dent (d*a*) f
dentifricio
dentifrice m
dentista dentiste
dentro dedans
denunciare
dénoncer den*o*se
descrivere décrire
desiderare désirer
dessert TF desEr
deviazione
déviation f
di (che) que (koe)
diabete diabète m
diapositiva
diapositive F
diarrea diarrhée
dicembre décembre
diesel TF dje<u>s</u>El
dieta régime m
dietro derrière
differenza
différence difer*a*s f
difficoltà
difficulté
difikylte f
dimenticare
oublier (ublie)
dire TF dir
diretto direct

72

direzione direction dirEksjo f
disturbare déranger (derashe)
dito doigt (doa) m
diverso différent (difera)
doccia douche (dush) f
dolore douleur (dulOEr) f
domanda question kEstjo f
domani demain (doema)
domenica dimanche dimash
donna femme (fam) f
dormire dormir (dOrmir)
dottore docteur dOktOEr m
dovere devoir (doevoar)
durare durer (dyre)
E
economico économique
edicola kiosque (kjOsk) m
egli lui lyi
elenco liste (list) f
elettrico électrique (elEktrik)
elicottero hélicoptère m
emergenza urgence yrshas f
entrata entrée (atre) f
errore erreur (ErOEr) f
esposizione exposition f
espressione expression f
(EksprEsjo)
espresso express EksprEs m
essere être (Etr)
est TF Est m
estate été (ete) m
Europa Europe (oerOp) f
F
faccia figure (figyr) f
fame faim (fe) f

famiglia famille f
fare faire (fEr)
farmacia pharmacie
febbraio février m
felice heureux
fermare arrêter
fermata arrêt f
festa fête (fEt) f
fetta tranche (trash)
fiera foire (foar) f
figlia fille (fij) f
figlio fils (fis) m
fine fin (fe) f
finestra fenêtre f
fiore fleur (flOEr) f
firma signature f
firmare signer
fiume fleuve m
flusso flux (fly) m
fontana fontaine f
forchetta fourchette
forma forme f
formaggio fromage
forse peut-être
fortuna chance f
foto
photo f
fotografare
photographier
fotografo
photographe
(fOtOgraf) m f
fra entre (atr)
fragola fraise
francobollo timbre

fratello frère (frEr) m
freno frein (fre) m
fretta hâte (at) f
frittata omelette (OmlEt) f
frontiera frontière (frotjEr) f
frutta fruit (fryi) m
fungo champignon
(shapigno) m
funzionare fonctionner
fuoco feu (foe) m
furto vol (vOl) m
G
gamba jambe (shab) f
garage TF garash m
gassato gazeux gasoe
gelateria glacier m
(glasie)
gelato glace (glas) f
genitori parents mPl (para)
gennaio janvier (shavje) m
gente gens mPl (sha)
gentile gentil(e) shatil
Germania Allemagne f
ghiaccio glace (glas) f
già déjà (desha)
giacca veste
(vEst) f
giallo jaune (shon)
giardino jardin (sharde) m
giocare jouer
(shue)
gioco jeu
(shoe) m
gioelliere bijoutier m
giornale journal m

giorno jour (shur)
~ feriale ~ ouvrable
~ festivo ~ férié
giovedì jeudi m
giugno juin (shyie)
giro tour (tur) m
goccia goutte f
golf TF gOlf m
gomma pneu m
~ a terra
pneu à plat
gonna jupe (shyp) f
grado degré m
grammo gramme m
grasso gras (gra) m
griglia gril m
gruppo groupe m
guadagnare gagner
guanto gant (ga) m
guardare regarder
guardaroba garde-
robe f
guida guide
(ghid) m/f
H
handicappato
handicapé(e)
I
ieri hier (ijEr)
imbarcadero
embarcadère m
immersione
plongée ploge f
impermeabile
imperméable m

importante important *eporta* **L**
importo montant (m*ota*) m   là TF la
incidente accident (aksid*a*) m   labbro lèvre (lEvr)
inclusivo inclus(e)   ladro voleur m
incontrare rencontrer r*ako*tre   lago lac (lak) m
incrocio carrefour (karfur) m   lampadina ampoule
indirizzo adresse (adrEs) f   lasciare laisser
infermiera infirmière *e*firmjEr lassativo laxatif m
infezione infection (*ef*Eksjo)   latte lait (lE) m
informazione information f   lattina boite boat f
(*ef*Ormasj*o*)   lavandino lavabo m
ingresso entrée (*a*tre) f   lavare laver (lave)
iniziare commencer (kOm*a*se)   lavorare travailler
inizio début (deby) m   leggere lire (lir)
insalata salade (salad) f   lenzuolo drap (dra)
insetto insecte (*e*sEkt) m   lettera lettre (lEtr) f
puntura d'insetto piqûre   buca delle lettere
d'insecte (pikyr d*e*sEkt)   boite aux lettres
interessare intéresser *e*terese letto lit (li) m
interno intérieur(e) (*e*terjoer) libbra livre (livr) f
interprete interprète m/f   libreria librairie f
(*et*ErprEt)   libro livre (livr) m
invece di au lieu de   limonata citronnade
inverno hiver (ivEr) m   limone citron m
inviare envoyer (*a*voaje)   liquido liquide m
invitare inviter (*e*vite)   liquore liqueur f
iscriversi s'inscrire (s*e*skrir) lista liste (list) f
iscrizione inscription f   litro litre (litr) m
isola île   luce lumière
(il) f   (lymjEr) f
istante instant   luglio juillet
(*e*sta*) m   (shyijE) m
Italia Italie (itali) f   luna lune (lyn) f
Italiano italien   lunedì
(italj*e*)   lundi (l*e*di) m

M

macchina voiture (voatyr) f
macelleria boucherie (bushri)
macchinapepe moulin à poivre
madre mère (mEr) f
magazzino magasin
magase m
maggio mai (mE) m
maiale porc (por) m
malato malade (malad)
malattia maladie (maladi) f
mancare manquer (make)
mangiare manger (mashe)
mano main (me) f
mare mer (mEr) f
marito mari m
marmellata confiture kofityr
martedì mardi m
marzo mars m
massaggio massage (masash)
materasso matelas (matela) m
materiale matériel materjEl m
matita crayon (krEjo) m
mattina matin (mate) m
meccanico mécanicien (sje)
medicina médecine (mEdsin)
medio moyen(ne) moaje
mela pomme (pOm) f
meno moins (moe)
menù menu (moeny) m
meraviglioso merveilleux(se)
(mErvEjoe)
mercato marché
(marshe) m
~ delle pulci ~ aux puces

mese mois (moa) m
messaggio message
metà moitié f
metro métro m
mettere mettre
mezzanotte minuit
mezzo demi(e)
mezzogiorno midi
minuto minute f
misurare mesurer
moda mode f
momento moment
monastero
monastère f
moneta petite
monnaie
montagna
montagne f
mordere mordre
mostrare montrer
motore moteur m
motocicletta moto f
motoscafo canot
à moteur
municipio mairie f
muovere mouvoir
muro mur (myr) m
muscolo muscle m
museo musée m
musica musique f

N

nave navire m
nazionalità
nationalité f

76

nebbia brouillard (brujar) m
necessario nécessaire
negozio magasin (magas*e*) m
nero noir (noar)
neve neige (nE<u>sh</u>) f
niente rien (rj*e*)
noleggiare louer (lue)
noleggio location lOkasj*o* f
nome nom (n*o*) m
non ne … pas (noe …pa)
nonna grand-mère (gr*a* mEr)
nord TF (nOr) m
notte nuit (nyi) f
novembre TF (nOv*a*br) m
nuca nuque (nyk) f
numero numéro (nymero) m
nuotare nager
(na<u>sh</u>e)
nuvola nuage (nya<u>sh</u>) m

O
occhiali lunettes (lynEt) f Pl
occhio oeil (OEj) m
occupare occuper
officina (per macchine)
garage TF (gara<u>sh</u>) m
offrire offrir (Ofrir)
oggi aujourd'hui oshurdyi
ogni chaque (shak)
olio huile (yil) f
ombra ombre (*o*br) f
ombrello parapluie
paraply m
ombrellone parasol parasOl
opera opéra
(Opera) m

opposto opposé
opuscolo brochure f
ora heure f
orario horaire m
orario d'apertura
heures d'ouverture
ordinare
commander
orecchio oreille f
orologio horloge f
ospedale hôpital m
ostello della
gioventù
auberge de
jeunesse
ottico opticien m
ottobre octobre
P
padre père (pEr) m
paese pays m
pagare payer
paio paire (pEr) f
palazzo palais m
pane pain m
panetteria
boulangerie f
panino petit pain
panna crème f
pantaloni pantalon
parapendio
parapente m
parcheggiare garer
parcheggio parking
parchimetro
parcmètre m

77

parco parc (park) m
parlare parler
partenza départ (depar) m
partire partir
parrucchiere coiffeur m
(koafOEr)
Pasqua Paques (pak) f Pl
passaporto passeport m
pasta pâte (pat) f
pasticceria pâtisserie f
pasto repas (roepa) m
patata pomme f de terre
patente permis de conduire
pErmi doe kodyir
pattinaggio patinage m
(patinash)
pazienza patience (pasjas) f
paziente patient(e) pasja m/f
pedaggio péage m
pedalò pédalo m
pediatra pédiatre
(pediatr) m/f
pedone piéton (pieto) m
pelle peau (po) f
pelletteria maroquinerie f
pellicola pellicule f
~ a colori pellicule couleur
pensare penser (pase)
pensione pension (pasjo) f
~ completa ~ complète
mezza ~ demi-pension doemi
pepe poivre (poavr) m
percento pour cent (pur sa)
perdere perdre (pErdr)
pericolo danger (dashe) m

pericoloso
dangereux
permettere
permettre(mEtr)
persona personne f
pesca pêche pEsh f
pescare pêcher
pesce poisson m
pettine peigne m
pezzo pièce (pjEs)f
piacere plaisir
piacevole agréable
piano étage etash m
pianta plante plat f
~ della città plan de
ville
piatto assiette f
piazza place plas f
piccante piquant(e)
piede pied (pje) m
pieno plein(e) ple
(plEn)
pila pile (pil) f
pillola pilule pilyl f
ping-pong TF ping
pOng
pioggia pluie plyi f
piombo plomb m
piovere pleuvoir
(ploevoar)
pista di fondo piste
de ski
pittore peintre
(petr) m
pittura peinture f

più plus (plys)
polizia police (pOlis) f
pollo
poulet (pulE) m
pomeriggio après-midi m/f
pomodoro tomate (tOmat) f
ponte pont (po) m
porta porte (pOrt) f
portacenere cendrier sadrije
portafoglio
portefeuille m
portiere concierge
(kosjErsh) m
porto port (pOr) m
porzione portion f
possibile possible
posta poste (post) f
potere pouvoir
pranzo déjeuner m
preferire préférer
prefisso indicatif (edikatif) m
pregare prier (prie)
premere presser (prEse)
prendere prendre pradr
prenotare réserver (resErve)
prenotazione réservation f
presentare présenter (presate)
presto bientôt (bjeto)
prezzo prix (pri) m
privato privé(e)
(prive)
procurare procurer kyre
professione profession f
profumo parfum (parfe) m
programma programme m

pronto prêt(e)
prE(t)
pronunciare
prononcer
prosciutto jambon
prossimo
prochain
(prOshe)
provare essayer
(eseje)
pulire nettoyer
(nEtoaje)
pulito net(te) nE(t)
puntuale ponctuel
poktyEl
puro pur(e) pyr
purtroppo
malheureusement
(maloeroesma)
Q
quadro tableau
(tablo) m
qualcosa quelque
chose f
qualcuno
quelqu'un (kElke)
quantità quantité
(katite) f
quarto quart (kar)
quello celui-là
(selyila)
questo celui-ci
(selyici)
R
raccomandare

recommander
radiografia
radiographie f
ragazzo garçon
(garso) m
raggiungere arriver à
rasoio rasoir (rasoar) m
reclamo réclamation (sjo) f
regalo cadeau (kado) m
regione région (reshjo) f
registrarsi enregistrer
religione religion (relishjo) f
respirare respirer (respire)
ricetta medica ordonnance f
ricevere recevoir roesoevoar
ricevuta reçu (roesy) m
riduzione réduction redyksjo
riscaldamento chauffage m
riso riz (ri) m
rispondere répondre (repodr)
ristorante restaurant m
(rEstOra)
ritardo retard (roetar) m
ritorno retour (roetur) m
rivedere revoir (roevoar)
rompere casser (kase)
rossetto rouge à lèvres
rosso rouge (rush)
rotondo rond (ro)
rotto cassé(e) (kase)
roulotte caravane f
rubare voler (vOle)
rubinetto robinet (rObinE) m
rumoroso bruyant(e)
bryia(t)

S

sabato samedi
(samdi) m
sabbia sable sabl m
sacchetto sachet
(sashE) m
saldi soldes (sold)
sale sel (sEl) m
salire monter
salmone saumon m
salsa sauce (sos) f
salsiccia saucisse
(sosis) f
salutare saluer
salute! Santé
(sate)!
saluto salut saly m
salvagente bouée
de sauvetage
(bue doe sovtash)
sangue sang (sa) m
sanguinare saigner
(segne)
sapere savoir
(savoar)
sapone savon
(savo) m
scala escalier
(Eskalje) m
~ mobile escalier
roulant
scaloppina
escalope EskalOp f
scarpa chaussure
(shosyr) f

scatola boite (boat) f
scendere descendre (des*a*dr)
schiena dos (do) m
sci di fondo ski de fond
(ski doe f*o*)
sciare skier (skie)
sciarpa écharpe (esharp) f
sciovia téléski (teleski) m
scompartimento
compartiment m
sconto réduction
(redyksj*o*) f
scopa balai (balE) m
scrivere écrire (ekrir)
scultore sculpteur skyltOEr
scultura sculpture (skyltyr) f
scusare excuser (ekskyse)
sdraio chaise longue
shE*s* l*o*g
secchio seau (so) m
secolo siècle (siEkl) m
sedia chaise (shE*s*) f
seggiovia télésiège telesiE*sh*
seguire suivre (syivr)
sempre toujours (tu*sh*ur)
senso unico sens unique (s*a*s)
sentire entendre (*ata*dr)
separato séparé(e) (separe)
sera soir (soar) m
servire servir (sErvir)
servizio service (sErvis) m
sete soif (soaf) f
settembre septembre sept*a*br
settimana semaine (soemEn)
sguardo regard m (roegar) m

significare signifier
(signifje)
signora madame
(madam) f
signore monsieur
(moesjoe) m
sillabare épeler
(eple)
soccorso aide Ed f
soggiorno séjour
(se*sh*ur) m
sole soleil sOlEj m
solo seul(e) sOEl
soltanto seulement
(sOelm*a*)
sorella soeur
(sOEr) f
sorpresa surprise
(syrpris) f
specchio miroir
(miroar) m
spendere dépenser
(dep*a*se)
spesso souvent
(suv*a*)
spezia épice (epis)f
spiaggia plage
(pla*sh*) f
spiedino brochette
(broshEt) f
spiegare expliquer
(Eksplike)
splendido
splendide
(spl*a*did)

81

sporco sale (sal)
sposato marié(e)
squadra équipe
(ekip) f
stagione saison (sE*s*o) f
alta ~ haute saison
stanco fatigué (fatighe)
stare rester debout (doebu)
stazione gare (gar)
~ di servizio station service f
stesso même
(mEm)
stile style (stil) m
stirare repasser (roepase)
stomaco estomac (Estoma) m
storia histoire (istoar) f
strada rue (ry) f
stretto étroit(e)
etroa(t)
stupido stupide (stypid)
subito tout de suite
(tu doe syit)
successo succès (syksE) m
succo jus
(shy) m
~ di frutta jus de fruits (fryi)
sud TF syd m
suo(a) di lui son, di lei sa
suocera belle-mère
(bEl mEr) f
suonare jouer de
(shue doe)
supermercato
supermarché
(sypErmarshe) m

Svizzera la Suisse
(syis) f
T
tabacco tabac
(taba) m
taglia (misura)
taille f
tagliare couper
(kupe)
tardi tard
tasca poche pOsh f
tassa taxe (taks) f
tavolo table (tabl) f
tazza tasse (tas) f
tè thé (te) m
tedesco allemand
(alm*a*)
televisione
télévision f
temperatura
température f
(t*a*peratyr)
tempo temps (t*a*) m
temporale orage
(Ora*sh*) m
tenda tente (t*a*t) f
tendenza tendance
tenere tenir (toenir)
terminale terminal
tErminal m
terminare terminer
(tErmine)
termometro
thermomètre m
(tErmomEtr)

terrazza terrasse (tEras) f
terzo troisième
(troasjEm)
tessuto tissu (tisy) m
testa tête
(tEt) f
tirare tirer (tire)
toccare toucher (tushe)
toilette TF toalEt f
tornante tournant (turn*a*) m
tornare retourner (roeturne)
torre tour (tur) f
torta gâteau (gato) m
tovaglia nappe f (nap)
tovagliolo serviette f
tra entre (*a*tr)
traduzione traduction f
(tradyksj*o*)
traffico trafic (trafik) m
traghetto bac (bak) m
tram TF tram m
tranquillo tranquille tr*a*kil
trasporto transport m
traversare traverser (travErse)
treno train (tr*e*) m
~ rapido rapide (rapid) m
troppo trop
trovare trouver (truve)
tuo, tua
ton (t*o*), ta (ta)
tuono tonnerre
(tOnEr) m
turismo tourisme
(turism) m
tutto tout(e) tu(t)

U
uccello oiseau
(oa<u>s</u>o) m
ufficio office (Ofis)
~ oggetti smarriti
bureau des objets
 trouvés
~ turistico bureau
de tourisme
ultimo dernier(ère)
dernje(Er)
unghia ongle *o*gl f
forbicina per
unghie
ciseaux m/Pl à
ongles
uomo homme
(Om) m
uovo oeuf (Oef) m
urgente urgent(e)
yr<u>sh</u>*a*(t)
usare utiliser
(ytilise)
uscire sortir
(sOrtir)
uscita sortie sOrti f
uva raisin (rE<u>s</u>*e*) m
V
vacanze vacances
fPl (vak*a*s)
vagone letto
wagon-lit m
~ ristorante wagon-
restaurant
(vag*o* rEstOr*a*)

83

valido valable (valabl)
valigia valise (valis) f
valle vallée (vale) f
vaniglia vanille (vanij) f
vecchio vieux
vedere voir (voar)
velocità vitesse f
vendere vendre
venire venir
ventilatore ventilateur tOEr m
vento vent (va) m
verdura légumes mPl (legym)
vero vrai(e) vrE
versare verser (vErse)
vestito robe f, complet m
vetrina vitrine (vitrin) f
vetro verre (vEr) m
via rue (ry) f
via aerea par avion (avjo)
viaggiare voyager (voajashe)
viaggio voyage (voajash)
vicino voisin (voase)
vietare interdire (etErdir)
vietato interdit(e) etErdi(t)
villaggio village (vilash) m
vino vin (ve) m
visita visite (visit) f
visitare visiter (visite)
vista vue (vy) f
vita vie (vi) f
vitello veau (vo) m
vivere vivre (vivr)
volentieri volontiers vOlotje
volta fois
voltaggio voltage

vuoto vide
Z
zanzara moustique (mustik) m
zucchero sucre (sykr) m
zuppa soupe (sup) f

Dallo stesso autore

L'inglese in 10 giorni
Corso di lingua con un nuovo metodo
Casa editrice:
Books on Demand
Norderstedt, Germania, 2012
ISBN 9783848262748

Imperare il tedesco
Corso facile per principianti
Casa editrice:
Books on Demand
Norderstedt, Germania, 2018
ISBN 9783752803310

Epilogo dell'autore

Dal 1970 al 1975 ho studiato lingua e letteratura tedesca. Ho scritto corsi di lingua in francese, inglese, italiano, spagnolo e tedesco che sono stati pubblicati in Francia, Germania, Gran Bretagna, Italia e Spagna. I lettori dei miei corsi di lingua viaggiono nei paesi europei per applicare la lingua appresa. Parlare con gli abitanti di un paese crea una relazione emotiva con quel paese.

Dobbiamo all'unificazione europea un periodo di pace di 70 anni. L'idea dell'unificazione europea durerà solo se sarà radicata nei cuori dei cittadini europei.

In Svizzera i cantoni di lingua francese, italiana e tedesca si sono uniti in una Confederazione Elvetica. Considero la Svizzera un modello per l'unificazione degli stati europei nel quadro di una Confederazione Europea.